# いつか、すべての子供たちに

One Day, All Children...
The Unlikely Triumph of
Teach For America
and What I Learned Along the Way
Wendy Kopp

「ティーチ・フォー・アメリカ」と
そこで私が学んだこと

ウェンディ・コップ
[訳] 東方雅美　[解説] 渡邊奈々

英治出版

# いつか、すべての子供たちに◆「ティーチ・フォー・アメリカ」とそこで私が学んだこと

ONE DAY, ALL CHILDREN...
The Unlikely Triumph of Teach For America
and What I Learned Along the Way
*by*
Wendy Kopp


First published in the United States by Public Affairs,
a member of the Perseus Books Group
Japanese translation rights arranged with
Public Affairs, a member of the Perseus Books Inc., Massachusetts
through Tuttle-Mori Agency, Inc., Tokyo

いつか、この国のすべての子供たちに、
優れた教育を受ける機会が与えられるように。

## まえがき

大学四年生のとき、私はあるアイディアを思いつき、やがてそれはとてつもないムーブメントになっていった。

トップクラスの大学を卒業したばかりの人たち——専攻もめざす職業もさまざまな人たち——を集めて、都市や地方の公立学校で二年間教師をしてもらう。その後も生涯を通じて、「すべての子供たちに教育の機会を与える」という目標に向かって、率先して取り組んでもらう。——そんなアイディアから生まれた「ティーチ・フォー・アメリカ」という組織には、私と同世代の、情熱的で献身的な人々が集まった。アメリカでは、どこで生まれるかでその子供の人生の大半が決まってしまう。私たちは、この国のそうした状況を変えようと動きだしたのだ。

アメリカの貧しい地域にある学校は、一般に学業成績が低い。このような低所得地域の子供たちは、九歳の時点ですでに、高所得地域の子供たちに比べて、読解力で三〜四学年遅れている。そこからさらに格差は広がり、低所得地域の子供たちが大学を卒業する割合は、恵まれた地域の子供たちの七分の一になってしまう。

その結果、貧しい地域の子供たちは、人生における夢も機会も、他の地域の子供たちに比べて限られてくる。これでは不公平だ。私たちはティーチ・フォー・アメリカを通じて、すべてのアメリカ人が教育機会を得られることを求めている。私たちにとって、これは市民権の問題だ。

本書で描かれるように、私のアイディアは、大きなムーブメントへと急拡大していった。大学生や経験豊かな教師、資金提供者などを、何千人も引き寄せた。その全員が、教育の格差をなくすという強い思いを共有していた。だからティーチ・フォー・アメリカは急成長し、同時に私も、さまざまなことを一気に学ぶことになった。

私はプリンストン大学始まって以来と言えるほど、世間知らずな学生だった。私の無知にもかかわらず成立したティーチ・フォー・アメリカは、理想と決意があれば、どんな無謀なアイディアでも実現できることを証明している。

もちろん、簡単なことではなかった。ティーチ・フォー・アメリカは苦戦し、倒れかけたこともあった。それでも、懸命に仕事をして、さまざまな教訓を得たことで、持続的で力のある組織となったのだ。これまでの道のりは示唆に富むものだったし、とてもやりがいのあるものだった。

その過程で、私はすばらしい教師や学校経営者に出会った。低所得地域の子供たちを他の地域の子供たちと同じ土俵に立たせるために、全力をつくし、成功している人たちだ。彼らは、ティーチ・フォー・アメリカのビジョンは実現可能だということを、私に示してくれた。そして可能であるからこそ、それをほんとうに実現する責任が――そしてチャンスも――私たちにはある。

この本は、ティーチ・フォー・アメリカの最初の一〇年間について書いたものだ。この本で、これまでの道のりを、多くの人たち――教育の不平等を解消しようとしている人たち、自分のアイディアを実現しようとしている人たち、社会起業家を支援している人たち――と共有したい。ときには困難で、ときには楽しく、そして確かに学びの多い一〇年間を、私と一緒にたどってみてほしい。

もっとも、この本は、ティーチ・フォー・アメリカについての物語のひとつにすぎない。他にも、私たちの活動に参加した人たちそれぞれに、何千もの物語がある。そこには、彼らが向き合った困難、生徒や学校に与えたインパクト、そして彼ら自身の人生へのインパクトが詰まっている。

これは私の物語だ。大きなアイディアを持った、世間知らずな大学生の物語だ。

# 01

## 卒業論文

The Thesis

「将来について決めなければならない」

そう私が気づいたのは、大学四年生になったばかりのころだった。

卒業後は何をすればいいのだろう。それまで私は、勉強や課外活動の目標に向かって生きてきた。でも、二一年の人生で最大の決断を前にして、私は自分が何をやりたいのか、まったくわからなかった。何も思い浮かばない。

私が探していたのは、自分のエネルギーを注ぎ込める場所だった。これまでさまざまな学生組織で取り組んできたような重要な責任を与えてくれる場所がほしい。それも一〇年後や二〇年後ではなく、いますぐにほしい。そしてなによりも、私は世界をほんとうに変えるような何かに取り組みたかった。ただ、それがいったい何なのかは、わからなかった。

将来についての問題は、早朝のジョギングから始まり、起きているあいだはいつも私にのしかかっていた。以前はジョギングをすると頭がすっきりしたのに、そのころは街を走るにつれて、どんどんこんがらがっていく気がした。いらだちは募っていった。それはずっと頭のなかで鳴りつづけるようになり、授業の合間にキャンパスを歩いているときも、講義を聴こうとしているときも、ナッソー・ストリートで昼食や夕食をかきこんでいるときも聞こえてきた。ちなみに、ナッソー・ストリートに行っていたのは、大学のカフェテリアでは居場所を見つけられなかったからだ。私は臆病だった。

私が大学四年生になったのは一九八八年。このころ私たち若者は、「ミー・ジェネレーション」と呼ばれていた。自己中心的で、お金をもうけることと、ぜいたくな暮らしをすることばかりに関心がある世代なのだという。

私が通っていたプリンストン大学では、四年生のほぼ全員が二年間の企業トレーニング・プログラムに応募しているようだった。そのほとんどが給料のいい投資銀行や経営コンサルティング会社のプログラムだった。それでも、「ミー・ジェネレーション」というレッテルは、どこかが違うように思えた。私が知っている人のほとんどは、死ぬほどお金もうけをしたいからプログラムに応募したのではなかったし、ビジネスや巨額の金融取引に深い関心があったわけでもなかった。彼らはただ、ほかに何をすればいいのかわからなかったのだ。私は、ひとりぼっちではないと感じた。私のほかにも、意義や目的を与えてくれる仕事を探している四年生が、大勢いたのだ。

将来について自分の心を見つめていたころ、同時に私は、別の問題にもどんどん夢中になっていった。公立の教育システムの不十分さだ。

私がこの問題に関心を持ちはじめたのは、大学一年生のころだ。私のルームメートは、ニューヨークのサウス・ブロンクスの公立学校を卒業した人で、頭が良くて、クリエイティブだった。すばらしい詩も書いた。でも彼女は、プリンストンでの勉強についていくのに苦しんでいた。それまで学んでこなかった点を補うスキルを身につけるまでのあいだ、彼女は苦労した。

私も公立校に通ったが、それはテキサス州ダラスの、上層中流《アッパーミドル》クラスの地域にあった。私の学校にはお金があった。ハイランド・パーク高校には三〇〇万ドルをかけたフットボール場があり、そこには一〇万ドルのスコアボードがぶら下がっていて、三年に一度の人工芝の交換では一〇〇万ドルが使われた。通っていた学生の属性は、人種的にも社会経済的にも、ほぼ完璧に同じだった。三〇〇人から四〇〇人の新入生の九九%以上が卒業し、約九七%が大学に進学した。学校の質が高く、家族や地域社会からも支えられたので、私の教育基盤はとてもしっかりしたものになった。

プリンストンに入ってからも、ひとり孤独に図書館に閉じこもらなくても問題なくやっていけた。

プリンストンのような有名大学は、教育問題について関心を持つには、それほどふさわしい場所ではなかった。それでも私はこの大学で、私にとっては当たり前のものだった教育を、だれもが手に入れられるわけではないということに気づいた。

私はインナーシティ［都市中心部に存在する低開発地域。貧しく、スラム化しているような場所も多い］の公立校出身の学生たちと知り合った。彼らは東海岸の私立進学校の卒業生と同じくらい思慮深く、聡明だった。しかし、前者はプリンストンで課題をこなすのに苦労したのに、後者は「楽勝だ」と言った。プリンストンでは教育の不平等の根深さを真に理解できないことは明らかだったものの、実際に目にした格差には考えさせられた。

まったく不公平だ、と私は思った。この国のどこで生まれるかで、受けられる教育の中身が変わってしまうなんて。

この問題を解決するために何ができるかを考えようと、私は会議を企画した。このころ私は、学生コミュニケーション財団という組織の代表だった。プリンストンの学生が運営する組織で、学生のリーダーとビジネス界のリーダーを集めて、緊急の社会問題について議論することを目的としていた。その活動の一環として、アメリカの教育システムを改善する行動計画を提案するため、私は四年生の一一月に、仲間とともに五〇人の学生とビジネス・リーダーを国じゅうから集めた。

興味深い議論や討論が、いくつも行われた。そのなかで、とくに印象的だったものがある。「教師の質」に関するセッションでのことだ。参加していた学生のほとんどが、「もし可能なら、自分が公立校で教えたい」と言ったのだ。会議の参加者は厳しい選考プロセスを経て選ばれており、国内では優秀な学生たちであることは確かだった。その彼らがそう言ったのだ。ある参加者はこう主張した。

「公立校では、教育の学位のない人も、教師としてよく雇われている。なぜなら、教育の学位を持つ人で、かつ低所得地域で教えたいという人が十分にはいないからだ」

この議論の最中、別の学生が自分も教えたいと言ったあとで、私は突然ひらめいた。

「アメリカで全国的なティーチャー・コープ（教師部隊）をつくれないだろうか。トップクラスの大学から学生を集めて、卒業後の二年間、都市部や地方の公立校で教えてもらうというのは、どうだろう」

大学四年生にとってティーチャー・コープは、企業でのインターンシップや大学院進学以外の、新たな選択肢となる。人生において意味があることを探している四年生の興味を引くにちがいない。

何千人もの仲間とともに国の不平等を解消し、クラスの生徒たちに関するすべての責任をただちに引き受けるチャンスが得られるのだから、四年生は飛びつくだろう。私はこのアイディアを、あるディスカッション・グループで披露した。みんな熱心に受け止めてくれた。

よく考えれば考えるほど、このシンプルなアイディアは、とても強い力を持つように思えてきた。優秀な新卒者が二年間を費やして公立校で教えることになれば、不利な立場にある子供たちに大きな影響を与えるだろう。彼らにはエネルギーと思いがあるから、子供たちの学力が上がるよう真剣に取り組むはずだ。彼らはみずからをこの仕事に捧げ、ウォール街の高層ビルではなく教室で、投資銀行並みに働く。これまでのやり方に疑問を投げかけ、子供にとって正しいことを求めて戦うだろう。

子供たちの人生そのものに直接影響するだけでなく、ティーチャー・コープは国全体の意識も変えるはずだ。コープのメンバーは教師として働くことにより低所得地域の子供たちへの思いを強め、そうした子供たちの可能性が阻まれるようなことに対しては、怒りを感じるだろう。コープのメンバーの多くは、教育分野にとどまろうと決意するのではないだろうか。他の分野に進む人も、社会変革や教育改革を提唱しつづけ、ビジネス・リーダーや新聞記者、国会議員や最高裁の裁判官、地域社会のリーダー、学校評議会のメンバーなどになるだろう。そして、公立校で教えた経験をもとに、彼らは国を良い方向に変えるような決定を下すはずだ。

朝のジョギングやキャンパスを歩くあいだ、私はティーチャー・コープのアイディアを何度も何度もくり返し考えてみた。それは巨大な組織になり、一九九〇年代のピース・コープ［平和部隊。一九六一年にジョン・F・ケネディが創設。若者が開発途上国で援助活動などにあたる］になるかもしれない。何千人もが参加し、長期的には国全体に根本的な影響を与えるのだ。


ティーチャー・コープのアイディアにどんどんのめり込む一方で、自分の仕事探しについての現実的な答えは見つからないままだった。

教えることがその答えなのかもしれないと思って、キャリア・サービスのオフィスに行ってみると、教職準備のオフィスを紹介された。そこでは毎年一〇人から二〇人のプリンストンの学生が、教員免許を取っていた。このプログラムに入るのは遅すぎたが、担当者はファイルキャビネットを指差した。そこには、全国の学区からの募集要項や、必要条件などが記載された書類が詰まっていた。書類は大きさも色もまちまちで、専門用語だらけだった。［アメリカの公立校は、市や郡などを単位にした「学区（school district）」と呼ばれる組織により運営される場合が多い。学区ごとに教育体系や教育方針などが定められる］

あふれるほどの情報に圧倒され、また教育の学位なしで教えられるのかまったくわからなかったので、私はニューヨーク市の公立学校に直接、電話をかけた。私が話したのは元教師で、いまはニューヨークの教員採用を手がけ、東海岸の大学生をリクルートしている人だった。彼は「レイバーデー（九月の第一月曜日）まで待てるなら、おそらく教職に就けるだろう」と言った。それまで学校側では、空くポジションがあるかどうか、わからないのだという。がっかりした［アメリカの大学の卒業式は通常五月か六月なので、九月まで就職が決まらないと、三カ月の空白期間ができてしまう］。私は生活のためにすぐにお金が必要だった。それに、自分自身のためにも両親のためにも、卒業後にほんとうに職があるという確信がほしかった。

がっかりしたが、そのぶんティーチャー・コープが必要だとの思いが強くなった。このころ、キャンパスには投資銀行や経営コンサルティング会社の人々が群がっていた。彼らと同じように、ティーチャー・コープも積極的に学生をリクルートするのだ。低所得地域で教えることが、優秀な卒業生にとっての魅力的な選択肢になるよう、選ばれた人だけが就ける、ステータスのあるポジションなのだという雰囲気を出す。応募のプロセスを整備し、たとえ各学区がレイバーデーまで雇用できないとしても、新卒者に職と安定した収入を保証する。

このアイディアに熱中してきた私は、実現させることを決心した。ジョージ・ブッシュ大統領

（父）に手紙を書き、彼がこの新しいコープをつくるべきだと提案しよう。ケネディ大統領がピース・コープを立ち上げたのだから、ティーチャー・コープの立ち上げも、アメリカ合衆国大統領以外に適任者はいない。そう考えたのだ。

大きな期待を抱いて、私は情熱のこもった手紙を送った。しかし、手紙はまちがって分類されたらしい。返事として私が受け取ったのは、仕事への応募が不採用になったという手紙だった。

一二月になって、私にはとにかく仕事が必要なのだということがわかった。卒業後の生活費を稼ぐための仕事だ。私はしぶしぶ動きだし、五つの仕事に応募した。一つが投資銀行、経営コンサルティング会社が二社、一つが食品メーカー、一つが不動産関連のベンチャーだった。

そして私は別の可能性も検討しはじめた。もし大統領がティーチャー・コープをつくろうとしないのなら、私が自分で非営利団体として始めたらどうか。私は学生コミュニケーション財団で、六〇人のスタッフを指揮し、何十万ドル分もの雑誌広告を売り、会議の協賛を獲得してきた。そうした経験が私に、自分なら実現できるかもしれない、と思わせた。そして当時は、実現できない理由を見出すだけの経験が、私にはなかった。

一方で、プリンストン大学の四年生として、私は卒業論文を書かなければならなかった。長時間のリサーチや執筆に耐えられるような興味深いテーマを、私はずっと探していた。教育問題の会議のあと、ティーチャー・コープをテーマにしようと思った。これなら私も意欲がわき、同時にプリンストンの公共政策大学院、ウッドロー・ウィルソン・スクールの応募条件も満たせそうだった。

そこで四年生の春のあいだ、私は世界から身を引いた。欠席できる授業はすべて欠席し、ほとんどだれとも話さなかった。ティーチャー・コープの実現可能性を調べるためだ。私は、同様の組織がどこかに存在するにちがいないと考えていた。絶対にあるはずだ。もし存在しないのなら、うまくいかない理由が何かあるのだ。

一つも見つけられなかった。会議での発言にあったように、教師の数が全体として余っているときでさえ、著しく所得の低い地域では、教員免許をもった教師を十分に確保できていない。だから需要を満たすために、教育を専攻していない人も雇われているのだ。また、教員の新規採用のあり方を改善する取り組みはいくつもあるのに、ティーチャー・コープは一つもなかった。

私はモデルとなりそうな組織も研究した。一つはピース・コープ。一つは一九六〇年代に連邦政府が運営していたティーチャー・コープ。もう一つはいくつかの州にある代替的な教員認定プログラムで、従来型の教員免許がない人でも教師になれるようにするためのものだ。

論文を書き進めるにつれて、私はこのアイディアを実現させようという思いをいっそう強くしていった。ありがたいことに、もっと普通の仕事に就くために応募していた企業のおかげで、選択は簡単になった。どこにも採用されなかったのだ。私は学校の公衆電話で、モルガン・スタンレーの採用担当者と話したときのことを覚えている。ここが最後に残った会社だった。担当者は私に言った。モルガン・スタンレーは、あなたが当社に適していないと判断した、と。

不採用だったことには戸惑ったけれど、こうなったのは良い方向に進むためなのだと思うことにした。電話を切った瞬間、私は決心した。なんとしてもティーチャー・コープを立ち上げよう。

私は、「全国的ティーチャー・コープ設立のための計画と議論」と題する論文を仕上げた。都市や地方での教育上のニーズを考察し、大学生が持つ理想とサービス精神を論じ、教育改革に対する支援者（資金提供者）たちの関心を述べた。そこで示した計画は野心的なものだった。一年目に、コープは何千人もの大学四年生に働きかけて応募を促す。そのなかから五〇〇人を選んで教員養成研修を行い、全国の五つか六つの地域に送り込む。私の計算によれば、これには二五〇〇万ドルが必要だった。

最初から大規模に展開すべきだということはわかっていた。大きく始めなければ、緊急性や国家的な重要性は伝わらない。国じゅうのもっとも優秀な新卒者を動かすためにも、大規模でなければならない。彼らには、だれよりも魅力的な仕事に就ける可能性がある。そのような可能性を捨てて参加してもらうためには、やはり規模が必要だ。

この裏付けとなるものを、私はピース・コープについて調べるなかで発見した。ケネディ大統領はピース・コープの計画を、サージェント・シュライバー〔民主党の政治家。一九七二年には副大統領候補となった〕に立てさせた。シュライバーへの助言者のほとんどは、様子を見ながら進めるべきだと言ったのだが、シュライバーは反対した。ゆっくりと展開したのでは、ニュー・フロンティア政策〔ケネディ大統領が推進した政策。経済や社会保障の拡大、教育施設の改善などを提唱〕の象徴とはならないとわかっていたからだ。そこでシュライバーは、ピース・コープを大統領命令で創設することをケネディ大統領に勧めた。数週間で立ち上げ、その年のうちに数百人のボランティアを配置するという命令だ。シュライバーの計画により、理想に燃えた数千人の大学生が応募し、ピース・コープはアメリカの風景の一部として、ずっと存続するものとなった。シュライバーのやり方がピース・コープでうまくいったのだから、ティーチャー・コープでもうまくいくはずだ、と私は考えた。

一九八九年の四月、論文の締め切り一週間前に、私は当時プリンストン大学の社会学部長だったマーティン・ブレッスラーに電話をかけた。ブレッスラー教授は、私の論文のアドバイザーになることを了承してくれていたが、それには条件があった。ティーチャー・コープを「義務付けられた国家への奉仕活動」として論じる、というものだ。私はこの条件を受け入れた。なぜなら、論文のテーマを決めるのが学部のなかで最後になってしまい、あまり選択の余地がなかったからだ。私はそのときも、自分のアイディアのどこが優れているかを、ブレッスラー教授にわかってもらおうとしたが、教授は「教師募集の広告キャンペーン程度のものについて論文を書くことはできない」と言った。私は教授が条件を忘れることに賭けていた。だから最後の瞬間まで教授を避け、私が実際に何を書いているかは言わないでいた。

締め切り一週間前になってようやく教授に電話したとき、教授が私のアドバイザーであることを覚えているかさえわからなかった。そこで、自分はティーチャー・コープを提案している学生だと言い、論文の草稿を書き終えたと告げた。「ティーチャー・コープを立ち上げることを決めました」とも言った。教授は、草稿を持って来るようにと言い、私はそのとおりにした。二日後、教授からオフィスに来なさいとの電話があった。

キャンパスを歩いて行くあいだ、あの頭脳明晰で頑固な教授が私の論文をどう思ったか、恐怖におびえていた。それに何よりも、書き直せと言い張るのではないかと心配だった。国家への奉仕活動として書くよう言われるだろうか。

ブレッスラー教授に会って、すぐに私の恐怖心は治まった。彼らしい大きな声で、教授は言った。

彼が知りたいのは、「いったいどうやって二五〇万ドルを集めるつもりなのか」ということだった。

ロス・ペロー〔実業家。一九九二、九六年の大統領選に出馬〕が力を貸してくれると思っています、と私は言った。ペロー氏がテキサスの学校を改善するキャンペーンを展開している時期に、私はテキサス州のダラスで子供時代を過ごした。彼ならば私のアイディアを気に入るだろうと、私は確信していた。それに、ペロー氏のバックグラウンドを考えても、起業家的な活動に共感するはずだ。私は言った。

「ペロー氏はダラス出身で、私もダラス出身です。ペロー氏はほんとうに教育改革に関心を持っています」

ブレッスラー教授は椅子に身を沈めて、私の答えについてじっくり考えていた。納得してはいないようだった。

「たとえ二五〇〇ドルでも、集めるのがどれだけ大変なことなのか、わかっているのかね」

教授は、私がプリンストンの開発部長〔ディベロップメント・オフィサー。大学の資金調達や長期的な発展戦略を担う〕と会えるよう、手配してくれた。彼がそのむずかしさを教えてくれることになっていた。

# 02

# 宇宙の法則を止める

Suspending the Laws of the Universe

一九八九年四月一二日、卒業論文を提出したその日に、私はコンピュータ室へ戻った。論文を三〇ページの企画書にまとめ直すためだ。

私は前に進んでいるのを感じてワクワクしていたが、同時に、卒業までに二カ月もなく、それまでのあいだにするべきことを思うと不安だった。まず立ち上げのための資金が必要だった。私は卒業後何も収入源がなく、生き延びるためにお金が必要だった。また、夏のあいだに、全国の教育界のリーダーや学区を訪問したかったし、資金提供者になってくれそうな人にも可能な限り多く会っておきたかった。そのための費用も必要だった。資金が得られなければ、私は現実的な仕事を探さなければならず、ティーチャー・コープも実現できない。

そこで私は大学の図書館へ行った。今回は、教育の状況やピース・コープの歴史についての文献を探していたのではない。私が探したのは名簿だった。主なアメリカ企業のＣＥＯの名前と住所が必要だったのだ。私は自分が知っている企業と、論文を書く過程で浮かび上がってきた、教育改革に熱心な企業の名前を選んだ。

一週間のうちに、私は提案書をコピーし、赤い厚紙を表紙にしてホチキスで留め、ロス・ペローと三〇社のＣＥＯに送った。モービル石油、デルタ航空、コカコーラなどだ。それぞれの封筒には手紙も入れ、面談を申し入れた。その企業がどのように私の計画を援助してくれる可能性があるか、話し合うためだ。その後、手紙をフォローするため電話もかけた。

私は直接ＣＥＯに会うことはできなかったが、さまざまな企業で私の手紙は組織の階層を上っていき、六～七社の重役たちに会うことができた。私は面談を実現できたことに驚いたりはしなかった。反対に、なぜＣＥＯ自身が時間を割いて私の計画を聞きにこないのかと思った。とはいえ、聞いてくれる人がいることはうれしかった。

四月から五月にかけて、同級生たちが論文からの解放と間近に迫った卒業を祝っているあいだ、私はスーツを着て、ニューヨーク行きのニュージャージー・トランジット鉄道に乗り、次から次へとアポイントをこなしていった。朝六時半の電車に乗らなければならないのに起きるのがつらくて、なぜ普通の道を選ばなかったのかと思うことが何度もあった。

その年の五月、私はゼロックス、IBM、AT&T、メトロポリタン生命、ニュージャージーのドッジ財団の重役たちと会った。また、教育省の役人や、ハーバード大学の教師教育プログラムの代表、国家教育委員会（各州に対して、教育の向上についてアドバイスする組織）のトップ、そしてスタンリー・カプラン（試験予備校の設立者で、教育改革に深い関心を持つ）にも会った。

どこへ行っても、私は自分のアイディアを説明し、なぜそれを実現すべきなのかを話した。ティーチャー・コープがどんなインパクトを持ちうるか、なぜうまくいくのか――。具体的には、私のまわりの大学生が、大きな責任を引き受け、社会に変化を起こすような道を探していること、理想を実現するチャンスに彼らが飛びつくだろうということを話した。そして計画を説明し、なぜ初年度に五〇〇人の参加者が必要なのかを説いた。

そのあと、私が求めているものについて話した。一年以内に、立ち上げ資金として二五〇万ドルを得ることだ。私は自信がある振りをしているのではなかった。ほんとうに自信があったのだ。計画はうまく回り、描いたとおりに進むだろうと確信していた。いま振り返ると、真剣に受け止めてくれた人がいたこと自体、驚くべきことだ。でも当時は、こうした人々が私の言うことを疑うなどとは、思いもしなかった。

私の手紙の一通は、ユニオン・カーバイドの経営陣の手に渡った。同社は、どうすれば教育改革に貢献できるか、タスクフォースを立ち上げて検討しはじめたところだった。ある日の午後、私の寮の部屋に電話がかかってきた。ユニオン・カーバイドのある重役からだった。彼ともう一人のタスクフォースのメンバーが翌日ニュージャージーに行くという。彼は言った。

「ランチをご一緒できませんか」

私は期待で胸をふくらませ、落ち着かなくなった。私をランチに誘うぐらい興味を持っている人なら、きっと支援してくれるにちがいない。

次の日の午後、私はキャンパスの外の高級レストランでサラダをご馳走になっただけでなく、マンハッタンのオフィスを使わせてもらえることになり、ユニオン・カーバイドのCEOにも会わせてもらえることになった。

良い結果が得られた。でもまだ十分ではない、と私は思った。ほんとうに必要なのは立ち上げ資金だ。私は思いつく限りのことをしていたが、時間はなくなりつつあった。それでも、別の計画は立てなかった。どこからか資金を得なければならない。このアイディアは、実現されるべきなのだ。

私の手紙は、モービルの管理部門のバイス・プレジデントである、レックス・アダムスの手にも渡った。アダムス氏は私と会ってくれた。面談のあいだじゅう、彼は私に聞きつづけた。

「いったいどうやって生活するつもり?」

そして私は答えつづけた。

「だから、資金が必要なんです」

面談の最後に、彼は、見積もりを出してくれないかと言った。私は野心的な数字を紙に書いて、思い切って投函した。卒業まで一カ月を切ったころ、モービルから返事があった。

「立ち上げ資金として二万六〇〇〇ドルを提供します」

このときまで、私の「組織」は、収益が非課税になる認可を得ていなかっただけでなく、法人化すらされていなかった。アダムス氏のアドバイスにしたがって、私はプリンストン大学に資金の仲介人になってもらうことを決めた。数週間前にブレッスラー教授のすすめで会った開発部長に電話をした。彼は驚いたにちがいない。私が電話をしたのは午後六時ごろだったが、開発部長はすぐに大学の弁護士に確認をとり、その日のうちに返事をしてくれた。プリンストン大学は、喜んでその役目を果たすとのことだった。

## スタートを切る

卒業式は六月だった。式のあと、両親はニューヨークまで私を車に乗せていってくれた。

この先に何が待ち受けているのか、不安だった。計画を支援してくれるように人々を説得できるだろうか。

だが同時に、ようやく独立できた私は、意気揚々としていた。授業もないし、私のミッションを邪魔するものは何もない。それに、ニューヨークに引っ越すことにも胸をときめかせていた。大学一年生のときに初めてマンハッタンを訪れて以来、ずっとここに住みたいと思っていたのだ。

両親は西七八番街のブラウンストーンの建物［褐色砂岩を表面に貼った建物。ニューヨークに多い］の前で降ろした。そこで私は二人の女性とアパートをシェアすることになっていた。掲示板で見つけた部屋だ。家賃は月五〇〇ドルで、当時のニューヨークとしては悪くなかった。

私は荷物を引きずって、二階まで上がった。荷物はゴミ袋三つに詰めた衣類と、寝袋一つ。そのアパートには四つの部屋があった。天井は高く、床は板張り、私の部屋は奥のほうにある小さな部屋で、壁は白く塗ったレンガ。完璧だった。寝袋を配置し、衣類を整理して積み重ねると、私は街を探索しに出かけた。すぐに、カフェ・ラ・フォルチュナを見つけた。数ブロック離れた、七一番街にある薄暗いコーヒーショップだ。まるで天国にいるような気分だった。

次の日、私は無料で貸してもらったオフィスに出かけた。オフィスは、マディソン街の高層ビルの四四階にあった。そこで私は夏のあいだじゅう、たった一人で、朝九時から真夜中過ぎまで働いた。ある意味では、寂しかった。そのビルのなかで、私が存在していることを知っている人といえば、ユニオン・カーバイドの事務スタッフ二人と警備員だけだった。事務スタッフは、私がなぜ彼らのオフィスにいるのか、まったく関心がなさそうだった。警備員は、なぜ私がそんなに一生懸命働いているのか、同情して聞いてくれた。

寂しかったけれど、一方で私はその独立した感じが気に入っていた。六月の中旬、両親にあてた手紙にはこう書いた。

「こんなふうに生きるのは、ほんとうに楽しいです。カレンダーを見て、明日の予定が何もないのを確認し、何をするか自分で決めるんです」

私の夏の目標は、資金を提供してくれそうな人にできる限り多く会って、計画を理解してもらい、立ち上げ資金を確保すること。また、教育関係者にも会って、計画に対する意見を聞き、実現可能かどうかをテストすることだった。非営利団体として組織化するには法的な手続きが必要だったが、これはユニオン・カーバイドの弁護士が代わりにやってくれた。

組織の名前を決めるという問題もあった。いくつかの候補を検討し、「ティーチ・アメリカ」という案に落ち着いた。この名前なら国家的な重要性が伝わると思ったからだ。でもやがて、ある医療関係の企業が、その名称の権利を抑えていることがわかった。秋になって、私は何時間もかけて別の名前を考えた。ある晩、打ち合わせのために訪れたワシントンDCの地下鉄で、ただ一つ言葉を足せばいいのだという考えがひらめいた。「フォー」を加えて、「ティーチ・フォー・アメリカ」。ティーチ・アメリカより良いかもしれない。行動を喚起し、国のために働く感じも出る。

可能な限り多くの人に会うため、私は何百通もの手紙を送ったり、何百本もの電話をかけたりしたが、あまり成果はなかった。ときには気の滅入るようなこともあった。それでも、私はあきらめなかった。私のメッセージは、いつかは届くだろうと信じていたからだ。そして、ブレークスルーとなる出来事もあった。ある日、広告代理店のヤング・アンド・ルビカムの重役であるロビー・ハリントンが電話をくれた。以前、ピース・コープの広告キャンペーンに関わっていた人だ。

「ウェンディ、いま提案書を読んだところだが、すばらしいよ。明日会おうじゃないか」

この電話一本で、私は一週間持ちこたえることができた。最初の年の夏、そんな電話はほんのわずかだったが、そのたびにどれだけ励まされたかわからない。

私は二一歳で、二万六〇〇〇ドルと、無料のオフィスと、計画しか持っていなかった。その計画では、一二カ月のうちに五〇〇〇人のメンバーに教員養成研修を受けさせることになっていた。これが非現実的な計画だと身をもって知っている経験豊かな企業人が、私の話を聞いてくれたのは、ほんとうに驚くべきことだ。カーネギー・コーポレーションの教育プログラム長、オールデン・ダナムは、その年の六月二七日付で、次のような手紙をくれた。

「ちょっと通りを下って来て〔カーネギー・コーポレーションもニューヨークのマディソン街にある〕、お話しませんか？　とても価値のある活動だと思います」

また、ハロルド・マグロウからも連絡があった。マグロウヒル〔アメリカの大手出版社〕を引退してから教育問題に多くの時間を費やしてきた人だ。彼は私に電話をくれて、私の手紙に非常に感銘を受けたと言った。

「私は以前プリンストンの入学審査委員長で、アメリカの教師に関する議論を喚起してもきました。ですから、プリンストンの卒業生が、この非常にむずかしい問題を解決しようと動きだしているのを、とてもうれしく思います」

ハーバード・ビジネススクールを卒業したばかりのジェニファー・エプレットは、突然電話をしてきた。彼女はある新しい財団で働いていて、職場で私のことを聞いたそうだ。一緒に仕事をしたいという。その財団とは、いわゆる「社会起業家」に投資をしているエコーイング・グリーン財団で、のちにティーチ・フォー・アメリカを発展させるうえで大きな力となってくれた。

他のやりとりは、少し気落ちのするものだった。多くの人は、実社会での経験がない若い女性が、そのような大掛かりで前例のない組織を運営できるわけがない、と考えたのだ。
「だれがこの組織を動かすの？」と、ある大手保険会社が運営する財団の担当者はたずねた。
「五人から一〇人ぐらいの大卒者が、朝から晩まで働きます」と私は答えた。
「あのねえ、少し言わせてもらうけど」と彼女は言った。「それではうまくいかないわ。各人の職務内容と目標をきちんと決めないと」

いま振り返ると、このアドバイスに込められた見識がわかる。でも当時の私は、彼女のアドバイスは、想像しうる限りもっとも近視眼的で、ビジョンのかけらもなく、官僚的なものだと思った。私は落胆しなかった。

ユニオン・カーバイドのCEOも懐疑的だったが、とにかく協力はしてくれた。
「ウェンディ、こういうことをやるのは、豊かな経験を積んだプロの行政官ばかりだよ。これは大変な仕事だ」

こうは言っていたが、彼は私の諮問委員会に参加してくれて、紹介状も書いてくれた。そのおかげで、バーノン・ジョーダン［弁護士でビジネスマン。クリントン政権のアドバイザーとして知られる］や、教育改革に熱心な大手企業の経営陣に会うことができた。

しかし、ユニオン・カーバイドの財団に一〇万ドルの提供を依頼したとき、私はある障害にぶつかり、その後何度も同じ障害にぶつかることになった。同社の教育改革のタスクフォースを率いていた人物は、こう言ったのだ。

「ティーチ・フォー・アメリカがやろうとしていることは、教育改革に関する一般的な考え方と真っ向から対立する」

私は悩んだ。ティーチ・フォー・アメリカは教育水準を上げるに決まっているではないか。私たちは、国じゅうからもっとも優秀な卒業生を集めようとしているのだ。どこが対立するのだろう。

私が知ったのはこういうことだった。教育改革についての一般的な考え方としてあるのは、教師は医者や弁護士と同様に、教室で実際に教える前に大学院でトレーニングを受けるべきだ、というものだ。こうした考え方に立つと、教育を改善するうえで唯一可能な方法は、大学院の入学水準を上げ、学習内容を厳しくすることだけだ。この見方を支持する人は、ティーチ・フォー・アメリカには投資しようとしないだろう。私が計画していた養成研修は、ごく短いものだからだ。

ティーチャー・コープのメンバーのトレーニングが不十分なのではないかという懸念に加えて、もう一つ心配される点があった。教育者のなかには、低所得地域で新しい人材が教育を行うのを支持する人がいたが、その一方で、その地域に詳しくない人材が仕事をすることで、マイナスの影響があるのではないかと考える人もいたのだ。あるとき私は、ある都市で非常に尊敬されている学区長に会った。私が計画を説明するにつれ、彼は非常にいらだち、激しく怒りはじめた。

「君の話を聞くのは時間のムダだ」と彼は言った。「おせっかい焼きは自分の学区には必要ない」

彼の反応は、それまでに受けたどんな懐疑論や反対よりも強烈で、真剣なものだった。学区長のオフィスにいるあいだは耐えていたが、レンタカーのなかに戻ると、私は泣き崩れた。

もう一人、同じような反応をした人がいた。ある財団のトップで、低所得地域の子供たちを長年にわたって支援してきた人だ。彼は私と会うことには同意したが、それは「私がこの計画をあきめるようアドバイスするためだ」と、前もってはっきりと言った。彼が懸念していたのは、コープ・メンバーは良いことをしようと思って参加するのだろうが、良いことを成し遂げるには二年間教えるだけでは不十分だということだ。それだけでなく、私たちの派遣する教師によって子供たちは、かえって自分の人生に迷いが生じると彼は考えていた。

「経験が浅く、恵まれた立場にいる教師たちが〝自分探し〟をしたあとで、残された子供たちは捨てられたように感じるだろう」

この二人に言われたことには私も動揺した。私は彼らが懸念していることを、考えに考えた。最終的には、彼らのアドバイスにより、私の計画に内在する課題に対して注意を傾けられるようになった。

ただ、一方で私が感じたのは、ティーチャー・コープに参加しようとする新卒者の思いと謙虚さが、低く見積もられているということだった。彼らは思いやり深く、生徒のニーズに対応し、それを超えようとするだろう。生徒や生徒の家族や、同僚たちから学ぼうとするだろう。こうした性格により、二年間教えるあいだに、生徒の人生に大きな影響を与えることができるだろう。そして多くのメンバーが、一生の仕事として教師を選ぶようになるだろう。また、低所得地域で働くようになるだろう。

加えて私は、メンバーの構成を多様にすることを決めていた。恵まれた環境で育った人も、中流層出身の人も、私たちが仕事をするような地域で育った人もメンバーに含める。私がとくに必要だと感じていたのは、教育対象となる子供たちと社会経済的なバックグラウンドが共通する人をリクルートすることだった。それにより、私たちの組織や活動に貴重な視点がもたらされるはずだ。同時に、可能な限り幅広くリクルートする必要があるとも感じていた。生徒が高い目標に到達するのをサポートできる有能な人が、できるだけ多く必要なのだ。さらに私は、将来のリーダーに対して影響を与えるという目標についても考えた。コープ・メンバーの構成は、将来のリーダーシップのあり方を反映したものでなければならない。だから、低所得地域出身の人も、より恵まれた地域の出身の人も含めるのだ。

私があきらめなかった理由の一つは、多くの学区から熱い反応が返ってきたことだ。とくによく覚えているのが、ロサンジェルス統合学区の人事担当部長を訪ねたときのことだ。リクルートを予定している大学のリストを見せると、彼は声を出して笑った。

「こんな大学の人たちが、ここで教えるわけがない」と彼は言った。「スタンフォードの卒業生が、ここで教えたがると思うかい？　いいだろう。もしほんとうにリクルートできたら、私たちが雇おう。五〇〇人全員、私たちが雇おう！」

こうして大学卒業後の最初の夏、私は疲弊しながらも、国じゅうを猛烈な勢いで旅して回った。ボストンでは、非営利セクターのリーダー数人に会った。そのなかには、アラン・カーツェルとマイケル・ブラウンがいた。二人はその一年前、ハーバード・ロースクールを卒業すると同時にシティ・イヤーという社会奉仕活動を組織する団体を立ち上げた。それ以来彼らは、学校や地域社会で多くの支援やサービスを提供している。

ミシガンでは、ケロッグ財団や自動車メーカー大手三社の財団、教育改革を進める二つの団体を訪問した。ワシントンDCでは、公立校が計画にどれだけ関心を持ってくれるかを調べ、また一九六〇年代に国のティーチャー・コープを率いた人たちにも話を聞いた（このティーチャー・コープは、ティーチ・フォー・アメリカと同様のミッションでスタートしたが、その後劇的な進化を遂げて、私たちのモデルとは異なるものとなった。レーガン政権によって廃止された)。

ほかにも、カリフォルニア州各地やシカゴ、ピッツバーグやロチェスター、ニュージャージー州やコネチカット州などに行き、資金を提供してくれそうな人、教育関係者、学校関係者など、会ってくれる人には全員に会った。

ほとんどの人が、小さな規模から始めたらどうかと言った。一カ所で五〇人くらいから始め、経験から学び、それから拡大していくべきだと。だが、この考え方は、私が考えるティーチ・フォー・アメリカのコンセプトそのものと相反していた。ティーチ・フォー・アメリカは、小さな非営利団体や教師のトレーニング・プログラムのモデルになるのではない。「ムーブメント」となるのだ。

この旅のあいだに、私は最初の理事会を組織した。社会起業家や教育者など、私の熱意をわかってくれた何人かに声をかけてお願いした。その一人はジム・クラーク。非営利セクターでの仕事探しを援助する組織、ACCESSを創業した人だ。リック・ベルディングは、広告キャンペーンを通じて、教職への就職を促進する運動を始めた人。ジェニファー・エプレットはシティ・イヤーの創業に関わり、その後エコーイング・グリーン財団で働いている。スー・オッターボーグは、教育改革で活躍しているコンサルタントだ。もう一人はウェイン・メイゼルで、彼は大学をベースに若者をボランティア活動にリクルートする組織、ＣＯＯＬを創業した。同時に私は諮問委員会も組織した。メンバーの大半は、ユニオン・カーバイドのＣＥＯを通じて出会った、企業のトップたちだ。

それから、新しい無料オフィスも確保した。その年に雇う予定のスタッフを、十分に収容できる広さのものだ。私がこのオフィスを手に入れたのは、モルガン・スタンレーのＣＥＯ、リチャード・フィッシャーと会ったときのことだ。彼もプリンストンの卒業生なので、私と会ってくれたのだった。皮肉なことだとは思いながら、数カ月前に私を不採用とした企業に対して、同社の上等なオフィス・スペースを貸してほしいと頼んだ。

フィッシャー氏は、無料で私たちにオフィスを貸し、電話代を払い、印刷室を使わせてくれると約束してくれたが、それがどれだけの支援になるのか、そのときはよくわかっていなかったのかもしれない。その後五年間、この約束は私たちに大きな価値をもたらした。設立から五年目、スタッフが四〇人になったころ、ＣＦＯ（最高財務責任者）が試算したところ、モルガン・スタンレーのおかげで私たちは年間五〇万ドルを節約できていた。

九月が近づくころには、全国的なティーチャー・コープはまったく理にかなったものだと私は確信していた。大勢が賛同してくれた。ただ、その人たちも、何千人もの優秀な大卒者が参加するとは思っていなかった。その夏のあいだ、私が耳にした懸念でもっとも多かったのは、大学生は低所得地域の公立校などで教えたがらないだろう、というものだった。

しかし、この点こそ、私がもっとも自信をもっていたところだった。私の仲間たちは、この重要な動きの一部になりたいと思い、そのためには何でもするだろう。そう私は信じていた。そういう自信があったから、私は大規模なリクルート活動を始めることを決めた。ティーチ・フォー・アメリカが何千人にも訴えかけて応募させることができたら、懐疑的な人たちは負けを認め、学区は私たちの教師を雇い、支援者は必要な資金を提供してくれるだろう。経験がなかったからこそ、このように信じられた。

## チームをつくる

この年の秋、私は全力で動きだそうとしていた。私は四人を雇うと決めた。一人は、メンバーのリクルートと選考を行う。一人は夏の養成研修を設計し、実施する。一人はメンバーを各地の学校に教師として配置する仕事を担当する。もう一人は全般的な事務の担当だ。

新しいスタッフを加えるのは、とても怖いことだった。なぜ私が全員を管理するポジションにいるのか、問われないだろうか。でも、ほかに選択肢はなさそうだった。

まだ実施されたことのないアイディアに賭けてみようと思うのは、新卒者以外にいないだろうと私は思った。私の計画の普通でない部分、たとえば数千人の応募者と数百人のメンバーから始めることなどは、実社会での経験を積んだ人は笑い飛ばすだろう。まだ銀行口座にお金もない状態で動きだすことも、考えられないだろう。そこで私は、一緒に働いてくれる若い人を探すことにした。

八月の終わりごろ、プリンストンに戻って支援してくれそうな人々と会っていたとき、私は偶然「プリンストン・イン・アジア」のディレクターと会った。プリンストン・イン・アジアは、プリンストンの卒業生を一年間アジアに送り、そこで教鞭をとらせるプログラムだ。ディレクターは、「今晩、アジアから戻ったばかりの学生の夕食会があるので、参加してくれないか」と言った。

夕食会のあいだじゅう、私はなぜ自分がここにいるのだろうと思っていた。けれど最後に、みんなに向けて話をするように言われて、私はティーチ・フォー・アメリカの計画について、ほんの一言だけ話した。すると、私が話し終わってすぐに、中国での教職を終えて戻ったばかりのダニエル・オスカーが飛んできて、自己紹介をした。

「ティーチ・フォー・アメリカについてもっと話したいんだ」。切羽詰まった様子で彼は言った。「よかったらニューヨークまで車で送っていくよ」

ニュージャージー・ターンパイクを北上するあいだ、ダニエルは私の計画について質問しつづけた。マンハッタンに到着するころには、パートタイムで私と一緒に働きたいと言った。コロンビア大学で中国語を勉強するので、並行してできる仕事を探しているのだという。私は、考えさせてほしいと答えた。

二日後、ダニエルから五ページのレポートが届いた。そこには、なぜ彼が私と仕事をするべきなのかが書いてあった。

私たちはオフィスの近くのコーヒーショップで会った。空気が張り詰めていた。これまでだれも雇ったことがなかったので、何をするべきなのか、まったくわからなかったのだ。ダニエルも私と同じように、居心地が悪そうだった。引き締まった顔の上には、カールしたもじゃもじゃの茶色い髪が載っていた。彼はまじめそうに見えた。そしてほんとうに心から、ティーチ・フォー・アメリカを実現させたいようだった。ダニエルが希望していたのはパートタイムの仕事だったので、どんな結果になってもあまり影響はないだろうと思った。そこで、ダイエットコーラを飲みながら、正式な面接もなしに、最初の従業員としてダニエルを雇うことにした。

やがてこれは、私が下した決定のなかでも、最善の部類に入るものだということがわかった。ダニエルは、非常に責任感が強いだけではなく、私が出会ったなかで、もっとも優れた思考力の持ち主だったのだ。ティーチャー・コープのメンバーの選定と養成研修から、オフィスに関する技術的なことや報酬制度まで、すべてを決めるに当たって、ダニエルは重要な役割を果たした。

ダニエルは実際に仕事に加わったスタッフとしては最初だったが、雇うと約束したのは彼が最初ではなかった。プリンストンに行ったとき、私の弟の友人を雇ったのだ。ホイットニー・ティルソンはハーバードの卒業生で、ボストン コンサルティング グループからの内定をもらっていた。彼は夏には何かやることがあるが、秋から参加したいとのことだった。ハーバードの卒業生が、すばらしいキャリアを投げ打って、一度も会ったことがない私のプロジェクトに参加するとは、信じがたいことだった。

ホイットニーがついに現れたのは、一〇月のことだった。正真正銘のブロンドで、日に焼けていてニッコリと笑い、エネルギーにあふれていた。彼は仕事が滞りはじめていた管理面とファイナンスを担当した。入って数日後、ホイットニーはモービルからの助成金の二万六〇〇〇ドルが、どれだけ早くなくなるかを示したレポートを作成した。キャッシュが少なくなっていることは私も知っており、新たな資金提供者を探して追加の資金を獲得し、チームのみんなに給料を払わなければならないと考えていた。各人の年収は二万五〇〇〇ドルを予定していた。ニューヨークの教師が初年度にもらう給料よりも、わずかに少ない額だ。

次に参加したのは、その年の夏にコロンビア大学を卒業したキム・スミスだった。教育コンサルタントのスー・オッターボーグが最初の理事会のメンバーになってくれたが、キムは何年にもわたり、スーと夏休みの期間やアルバイトで仕事をしてきた。キムは主にビジネスと教育の提携に関して仕事をしていた。私がキムと初めて会ったのはスーとの打ち合わせのときだったが、非常に頭が良く、元気がいいのが印象的だった。教育は彼女の血筋として流れていた。キムの父親は教育学の教授で、教育大学で教えていた。夏の養成研修を設計し実施するのが、彼女の役目となった。

創業チームは、スーザン・ショートの参加で完成した。スーザンはスタンフォードの卒業生で、ピース・コープでの二年間の活動を終えたばかりだった。彼女は私がピース・コープのニューズレターに載せた人材募集を見たのだった。スーザンは背が高く、物静かで思慮深い女性で、そのうえ二年間の実社会での経験もあった。スーザンは、ティーチャー・コープのメンバーが就くことになる、教職のポジションを確保する役割を担った。

一〇月、私たち五人は、モルガン・スタンレーが提供してくれた新しいオフィスに引っ越した。アメリカ街一二二一番にあるマグロウヒル・ビルディングの三三階で、マンハッタンのミッドタウンの真ん中だった。オフィスは殺風景なものだった。傷がついた白い壁で仕切られ、業務用のグレーのカーペットは、すり切れたり破れたりしていた。でも私たちにとっては、広くて宮殿のようだった。新しいオフィスに移ってまもなく、真夜中をとっくに過ぎてから、私は青と白と赤の針金を束ねて、スタッフのメールボックスとして使えるよう、「受け取り／発送」の箱をつくった。私たちは寄付してもらったバラバラな机と椅子をかき集め、フロアの四部屋を占拠した。私は真ん中に位置する、窓のない小さな部屋に陣取った。ここが私たちの強力なムーブメントの総本部となるのだ。

新しいオフィスに落ち着くとすぐに、もっと人が必要だと私は気づいた。タイミングよく、新卒者が私に会いに来るようになった。私たちのプロジェクトのことを、ダニエルやキムや、私が支援を頼んだ人などから聞いたのだ。私たちのミッションに対して情熱を持っているようであれば、あまりはっきりと定義されていないポジションで彼らを採用した。

一一月には、ティーチ・フォー・アメリカのコープ・メンバーになろうと応募してくるはずの何千人もの人々を、国じゅうを回って面接するリクルーターたちを探しにかかった。面接は二月からの予定だった。夏のあいだに、レンタカーのハーツ社の会長に手紙を書いたところ、この目的のために六台の車を使わせてくれることになった。

私のリクルーターの採用基準はシンプルだった。活動的で、人種的に多様な人々で、このプロジェクトに参加するよう大学生に働きかけられる人たち、というものだ。この条件に合う人たちを一二人見つけた。そしてそのなかの二人は、ティーチ・フォー・アメリカの発展に重要な役割を果たすことになった。イアン・ヒュッシュルとリチャード・バースだ。

イアンは一九八八年にハーバードを卒業し、モロッコ北部のタンジールで一年間教職に就いた。タンジールから戻ると、ニューヨークの有名な法律事務所にパラリーガル［弁護士のアシスタント］として就職した。やがてイアンは、私のルームメートの友人に、自分の仕事がいかに退屈かをこぼした。それで、私に電話してボランティアとして参加できるかたずねるよう勧められたのだった。

会ってまもなく、私たちにはイアンが必要だと感じた。彼はずば抜けて思慮深いし、彼の外交的な性格と圧倒的な存在感により、大学のキャンパスでの私たちの評判は高まるにちがいないと思ったのだ。イアンがあまりにもハンサムだったので、彼が帰ったあと、文字どおりすべてのメンバーが私のオフィスに来てたずねた。「いったいあの人はだれ？　何をしに来たの？」イアンはフルタイムの仕事を探していたのではなかったが、私はフルタイムで働かないかととりあえず打診してみた。最終的には、イアンは受け入れてくれた。

リチャードは、ある日、事前の約束なしに面接を受けにやってきた。リチャードの母親が、私たちの計画について書かれた『ニューヨークタイムズ』紙の記事をリチャードに送ったのだ。

リチャードは六月にハーバードを卒業し、当時ヨーロッパを旅行中だった。

そのとき私はきわめて多忙だったため、面接には一〇分間しか割けなかった。リチャードは頭がよく、人からも好かれそうだったが、私たちの小さなチームに、アイビーリーグ［米国北東部にある名門大学八校の総称］出身の白人をもう一人増やすのはどうかと思った。このころ新しく採用したリサ・ボーンスタインは、ハーバード在学中からリチャードのことを知っていた。彼が帰ったあと、リサは「リチャードは、採用されるかどうか、すぐに知りたがっている」と言った。私は一五秒ほど考え――それしか時間がなかった――、申し訳ないけれど答えは「ノー」だと言った。

リサはその返事をリチャードには伝えなかった。一週間後、リクルーターが足りなくて私がパニックになっていると、リサは私の机の上に黄色の付箋を貼った。リチャードの電話番号が書いてあった。こうして、リチャードも加わることになった。

## 目標数字を達成する

パートタイムだったダニエルが、二週間も経たないうちに一日一三時間働くようになった。彼の仕事は、ティーチ・フォー・アメリカに参加するよう、大学生に呼びかけることだった。一〇〇の大学のそれぞれで、最初に二名ずつ「大学代表」を指名するというのが、私たちの戦略だった。この一〇〇校は、全国の私立大学、公立大学のなかから、学業水準と民族的・人種的な多様性を基準にして選んだ。小さな大学も大規模な大学もあったし、昔から黒人が多い大学も、アイビーリーグもあった。一二月に二〇〇人の大学代表を会議に招き、その後は彼らに、草の根的にティーチ・フォー・アメリカのことを広めてもらおうと考えていた。大学代表は、私たちの友人やそのまた友人に電話したり、学生組織や大学のスチューデント・オフィスに聞いたりして探した。グループの多様性を確保するため、私たちはまず代表を一人選び、次にその人に頼んで、民族的なバックグラウンドが異なる人を一人探してもらった。

以下は、大学代表を募集するため、ダニエル・オスカーが書いた最初の手紙だ（このときは組織名を変更する前で、「ティーチ・アメリカ」からの手紙となっている）。

××様

先日は、ティーチ・アメリカについて電話で話を聞いていただき、ありがとうございました。

今日の学生たちは、メディアが言うのとは反対に、だれよりも「アメリカに恩返しがしたい」と思っています。欠けているものがあるとすれば、それは共有できるスピリット、そしてミッションです。わが国は、国内に数々の懸念材料を抱えており、その解決のために聡明な若い頭脳が求められています。そのなかでもとくに問題なのが、荒廃したわが国の教育システムです。

おそらく、次の統計について聞いたことがあるでしょう。「毎年七〇万人の高校生が退学し、子供たちの二五％は高校を卒業しない。科学と数学で、アメリカの子供の成績は、先進工業国のほとんどの国を下回る。ナショナル・アセスメント・オブ・エデュケーショナル・プログレス（教育面での発達に関する全国評議会）が〝適度に〟説得力があると評価する文章を書けるのは、一七歳でわずか二五％である」。さまざまな業界の企業や、さまざまな政党の政治家が口をそろえて言うのは、教育システムがアメリカの将来を脅かしているということです。

ティーチ・アメリカは大学新卒者が集まったグループです。私たちは次のように考えています。「今日のもっとも優秀でもっとも意欲のある学生たちは、人種や専攻に関係なく集結して、自分がもっとも必要とされる場所において、アメリカを助けなければならない。その場所とは、教室である」。そこで私たちは、経営コンサルティング会社や投資銀行や国会議員の事務所などでの仕事を選ばず、ティーチ・アメリカを設立しました。

ティーチ・アメリカは、ピース・コープをモデルとし――大量の宣伝、厳しい選抜、積極的なリクルート活動などを行い――、トップクラスの大学新卒者を集め、トレーニングし、教師不足に悩まされているインナーシティや地方に教師として配置します。採用された人には、二年間教師として働いていただきます。

ティーチ・アメリカの成功は、私たちが学生からの支持を幅広く集められるかどうかにかかっています。あなたに手紙を書いているのもこのためです。この重要なネットワークを築くために、一〇〇の大学でそれぞれ一人ずつ、熱心に取り組んでくれる人を私たちは探しています。その人たちに、私たちと大学をつなぐ「リンク」となってもらいたいのです。大学代表として、あなたに「あなたの大学の」ティーチ・アメリカをつくってほしいのです。そして、教育の問題や教師の必要性について学生に幅広く認識させ、ティーチ・アメリカのリクルート活動を援助してほしいのです。一二月一日の夜、ティーチ・アメリカは一〇〇大学の代表をプリンストン大学まで飛行機で招待します。そこで私たちは、現在の学校の恐ろしい状況と、信じがたいほどの教師不足について、どうやって学生に伝えればいいかをともに話し合い、議論します。

三〇年ほど前、熱心な学生のグループが、ある組織の創設を求めて動きました。発展途上国の開発を通じて、アメリカに奉仕できるような組織です。今日では、その学生たちの努力により、何千人もの優秀で意欲のある学生が、卒業後に海外に渡り、ピース・コープで活躍しています。

あなたの力があれば、私たちは優秀な人々――ほかにも就業機会が豊富にある人々――を、ティーチ・アメリカのメンバーとして組織できます。そして、わが国の荒廃した学校を救うのです。

大学代表の会議は一二月一日ですので、時間は非常に限られています。大学代表は一一月一一日までに決める必要があります。同封したパンフレットをお読みいただき、そのなかのインフォメーション・シートを一一月三日までに到着するようご返送ください。ご質問がありましたら、お気軽に私にお電話ください。電話番号は二一二‐九七四‐二四五六です。

一九八九年一〇月二三日

ティーチ・アメリカ　ダニエル・オスカー

追伸一：大学代表になりたいと思うものの、上記の日付までにインフォメーション・シートを返送できない場合、「ただちに」私たちのオフィスまで電話をください。必要な手配をいたします。

追伸二：大学代表にはなれないものの、アメリカの学校がほんとうに教師を必要としているということをご理解いただけるのであれば、大学代表としてすばらしい仕事をしそうな人を、ぜひ探してください。カレンダーをちょっと見てもらえば、時間がないことはご理解いただけると思います。そこで、あなたのような方の助けが必要なのです。この仕事を引き受けてくれる熱意のある人を探して、大学代表のチームを組織するために手を貸してください。あなたの友人のなかで見つからないのであれば、大学の学生部長やマイノリティ関連の部門にたずねてみると、適任の学生を見つけてくれるかもしれません。変化を起こそうと決意した人を私たちに紹介してください。それはティーチ・アメリカにとって、どんなに言葉をつくしても伝え切れないほどの大きな力になります。

この年の秋は大変だった。多くの大学生が、私たちのミッションに参加すると約束してくれた。また、プリンストン大学は、大学代表を呼ぶ会議のために、無料で会場を提供してくれることになった。それは非常にうれしいことだったが、一二月の会議の前に、いくつもの危機に直面した。まず、大学代表の数が二〇〇名にはほど遠かった。私は四人のスタッフがそれぞれに取り組んでいる仕事をやめさせて、全員の力を大学代表のリクルートに向けさせた。

さらにひどいことに、二〇〇人の代表をプリンストンに招くだけの飛行機代がなかった。だが、ありがたいことにダニエルの家族の友人が旅行会社の重役で、アメリカン・エキスプレスとコネクションがあり、七万ドルを貸してくれた。

一九八九年一二月一日、私たちの小さなチームが一週間徹夜をしたあと、約二〇〇名の大学代表がプリンストンにやってきた。喜んでいいはずだった。当初のアイディアが、大きなムーブメントとして動きだそうとしている、その最初のしるしだったのだから。しかし、祝うことなど思いつかないくらい、私は疲れきっていた。恐怖に怯えてもいた。

初日の朝、私は演壇に二時間半立ちつづけ、代表たちが放ついくつもの質問に答えつづけた。こうしたやり取りは、予定外のものだった。彼らは、まだ決まっていなかった詳細な事項について知りたがった。実際に何を教えるのか。どこで教えるのか。教室では何が起こるのか。教える場所はメンバーが選べるのか。メンバーはどうやって現地に行き、荷物はどうやって送るのか。住居を見つけるまでのあいだ、どこに滞在するのか。最初の給料をもらえるのはいつか。車を持っていない場合、どうやって手に入れるのか。教える科目はどうやって決めるのか。教えることが決まった場合、ティーチ・フォー・アメリカはどのようなサポートをしてくれるのか。

彼らに自信を持ってもらう必要があることはわかっていたので、私は最善をつくした。私は答えをひねり出し、まるで何カ月も前から決まっていたかのように、はっきりと答えた。うまくいったかどうかは、まったくわからなかった。だが、二日間の会議が終わるころには、代表の多くは意欲に燃えていたようだ。

「来年の夏、何百人もの優秀な大学生が、ティーチ・フォー・アメリカで養成研修を受けている様子を想像してみてください」

閉会のスピーチで私は言った。全員が立ち上がり、拍手喝采した。

この会議により、大きく勢いがついてきた。『ニューヨークタイムズ』紙では、フレッド・ヘッチンジャーが私たちのプロジェクトについてコラムを書き、『ニューズウィーク』誌には二ページの記事が掲載された。私たちは主要なメディアに電話をかけ、何をやろうとしているかを話した。

すると記者が来て、「〝ミー・ジェネレーション〟による理想主義的な活動」について取材をした。

また、私たちのリクルート戦略が機能していることもわかってきた。イェール大学代表のジョナサン・スナイダーは、チラシをつくって、キャンパス内の寮に住む四年生全員の部屋に、冬休みが始まる何日か前に入れておいた。その後三日間で、ジョナサンは一七〇本の電話を受けた。また、一月の終わりごろ、カールトン大学の代表が電話をしてきて、説明会を開いたところ同校の四年生四五〇〇人のうち一〇〇人が参加したと言った。

大学代表の会議が終わるとすぐに、イアンはコープ・メンバーの選考基準と面接のプロセスをつくりはじめた。最初のコープ・メンバーとして、問題に立ち向かえる人を選ぶ必要があったのはもちろんだが、同時に私たちは厳しい選抜をしているように見せたかった。教師という仕事が持つ、「ソフト」で社会的地位が低いようなイメージを覆す必要があった。そこでイアンは厳しい面接プロセスを開発し、いくつものティーチング・シナリオや、候補者のこだわりや思いを測るような質問を用意した。そのなかでも、とくに次の質問が、各大学においてティーチ・フォー・アメリカのイメージを形成したのではないだろうか。

（1）風とは何ですか。描写はせずに、ただ風とは何なのか言ってください。

（2）現象学者は、宗教と風の類似点を次のように述べています。「人は宗教を見ることができない。ただ、それが形となって現れたものを見ているだけだ。たとえば、シナゴーグや教会やモスクのように［シナゴーグはユダヤ教の、モスクはイスラム教の礼拝堂］。同様に、人は風を見ることができない。それが形となって現れたものを見ているだけだ。たとえば、麦畑のうねり、揺れ動く木の枝などだ」。あなたが考える、風と類似したものを挙げてください。

いま振り返って、リクルーターたちがすべての応募者に毎回毎回この質問をしている様子を想像すると、思わず笑ってしまう。だが、この質問は求めていた結果を生んだ。ティーチ・フォー・アメリカは知性の面でこだわりを持っているということを示せたのだ。

面接だけでなく、エッセイの提出と五分間の模擬授業も課した。模擬授業では、応募者がそれぞれ自分で選んだトピックを教える。この方法は、ダニエルが試験予備校のプリンストン・レビューで知ったものだった。

こうした選抜方法を用いながら、一二の評価項目について評価し、全候補者を六段階に分類して、そのなかから「傑出して優秀《エクセプショナル》」と「たいへん優秀《アウトスタンディング》」となった人を選び出した。評価項目は、つまりはコープ・メンバーに求める資質であり、スタッフが校長たちにインタビューしたり、関連する本や記事を読んだりして考え、毎晩のように議論を重ねて定義したものだ。それは、「粘り強さ」「コミットメント」「誠実さ」「柔軟性」「口頭でのコミュニケーション能力」「熱意」「繊細さ」「独立心と積極性」「組織のなかで働ける能力」「自己評価する力」「生徒に認められなくても行動できる力」「概念的な能力／知性」だった。

イアンが選抜の仕事で手一杯だったため、リチャードが大学代表たちの取り組みを手伝うようになった。すぐにリチャードは、手書きのレポートを持ってやってきた。応募者数が、私たちが目標としている七五〇〇名に到達するのは、まったく不可能だという。そのレポートでは簡単な計算で、目標数に達するために各大学で必要になる関心のレベルと、その時点で示されていた関心のレベルとが比較してあった。リチャードは明らかに正しかった。だが、どうすればいいのだろう。このレポートに応えて、ダニエルがより強く大学代表に働きかけるようになった。私はそれがうまくいくよう祈った。

リクルーターたちは、一台のレンタカーに二人ずつ乗り込み、担当地域に向けて出発した。ソネット・レットマンとイアン・ヒュッシュル、リチャード・バースとギラン・ジャンピエール、ブルース・ベーカーとソニア・ブルッキンス、アリソン・ジャノウとポール・ヘーガン、キム・スミスとホセ・カレーロ、マイケル・ギリガンとジョエル・フォンテーヌの六組、一二名だ。与えられた任務を喜ぶと同時に、その重さに不安を感じながら、彼らは担当する地域に向けて出発した。手には地図と各大学代表の電話番号、そして応募を受け付けているキャリアサービス・オフィスの連絡先を持っていた。彼らは毎晩私たちのオフィスに電話をかけて、様子を知らせてきた。大量に応募が集まっている大学もあれば、まったく無い大学もあった。パートナーとうまくいっているチームもあれば、そうでないチームもあった。道に迷ったりもした。

以下は、イェール大学の大学代表が、同校の四年生に向けて書いたチラシの表面の文章だ。裏面には、『ニューヨークタイムズ』紙に掲載された、ティーチ・フォー・アメリカについての記事がコピーされていた。このチラシを配布してから三日間で、一七〇人から電話があった。

**考えてみてください**

イェール大学のみなさん

「ティーチ・フォー・アメリカ」は、今年始まった全米的なプロジェクトで、優秀な大学四年生を集め、教師がもっとも不足している地域に彼らを二年間派遣しようとするものです（給与は支払われます）。場所はたとえば、ニューヨーク、ワシントンDC、シカゴ、ロサンジェルス、ニューメキシコ州の先住民保護区、テキサス州のリオグランデ・バレー、ノースカロライナ州の農村、ルイジアナ、ニュージャージー州のインナーシティなどです。

プリンストン大学の学生が始めたこのプロジェクトには、学生や教師、非営利団体のトップ、企業のCEOなど、前例にないほどさまざまな力が集まっています。ティーチ・フォー・アメリカには、理想と経験、影響力、資金があるため、成功する可能性は非常に高いです。あとはたったひとつ、もっとも重要な要素があれば——つまり、あなたです。

卒業後に何をするか、ほんの少しでも迷う部分はありませんか？　アメリカのために二年間教えるということを、考えてみませんか？　小学校でも高校でもかまいません。アメリカを今後も競争力のある国にするために。すべての人に等しくチャンスがある、民主主義的な国家でありつづけるために。数学や科学を専攻している人——アメリカでは技術力や科学の力が徐々に落ちてきているということを考えてみてください。白人ではない人——完全な平等を手にするうえで、一番のカギとなるのは高いレベルの教育だということを思い起こしてください。文系の専攻の人——アメリカでは読み書きの能力が危険なほど低いレベルに向かっていること、それもまさに高いレベルが必要な現代においてそうなっていることを、考えてみてください。

イェール大学のみなさん、私たちはこれまで非常に恵まれた立場にありました。野心に燃えて新たなキャリアを踏み出す前に、わが国の強さと豊かさを支えるために、二年間を捧げてみませんか。

もしご興味をお持ちなら、あなたがどんな状況であれ、ひとまず四三六-〇七四〇にお電話ください。そして、名前と電話番号、学年、この件についての関心事などをメッセージに残してください。電話は冬休みに入る前にお願いします。それによって何か義務が生じるようなことはありません。冬休み前にもっと詳しい情報を提供できるよう、電話してほしいのです。とにかく、まずはこの件について考え、両親や友人たちと話してみてください。ご質問があれば、いつでもお電話ください。

一九八九年一二月六日

ティーチ・フォー・アメリカ　イェール大学代表
ジョナサン・スナイダー（ジョナサン・エドワーズ・カレッジ　九〇年度）
メラニー・ムーア（モース・カレッジ　九〇年度）

リクルーターたちが旅に出ているあいだ、私は新しく採用した八人とニューヨークのオフィスに残った。彼らは電話に出たり、夏の養成研修を計画したり、教職のポジションを探したりしていた。すぐに私たちは、リクルーターがオフィスに送ってくる応募書類を処理する仕組みができていないことに気づいた。混乱が始まった。採用の可否を知らせる手紙は、二カ月遅れになった。

そのうえ、応募者が希望する勤務地と学区が求める条件やニーズとをマッチさせるための合理的な仕組みが必要で、私はそれを開発しなければならなかった。仕事は積み重なっていった。私の解決方法は、眠るのを二日に一回にすることだった。

ダニエルはこうした危機の深刻さを文章にまとめて、スタッフに配った。

## ティーチ・フォー・アメリカの危機

リクルーターのチームがリード大学を訪問したのは二カ月以上前だ。僕たちはまだ、そのとき受け取った応募書類をコンピュータに入力していない。ジョージア工科大学を訪問したのは二週間以上前だ。チームからは、まだ応募書類が送られてこない。イェール大学を訪れたのは六週間以上前。昨日ようやく、六八人の応募者全員に合否を伝え終わった。どの宣伝用資料でも二週間と約束していたはずなのに、六週間以内に知らせるのがやっとだ。投資銀行やコンサルティング会社や私立学校は、採用候補者をもてなすのに忙しい。僕たちは電話すらできていない。結果を待つ応募者から、毎時間のように怒った電話がかかってくる。僕たちは答えることができない。

僕たちみんなが何カ月ものあいだ、前代未聞の働き方をしたのに、三〇日後にはこれまで成し遂げたすべてが水の泡になってしまうかもしれない。もっとも恐ろしいのは、危機感が漂いつづけ、迫り来る失敗という深い霧のなかで、僕たちがあてもなくさまよっていることだ。二週間前や先週あったような緊迫感は弱まってきた。だが危機感は力を増し、強くなる一方だ。その深さは、僕が想像できるよりずっと深い。僕たちはこれまで以上に遅れている。……だれに手紙を送ったのか、だれに送る必要があるのかわからない。リクルーターが送ってきた不完全な応募書類が、山積みになっている。これまでに一六人から参加の約束を得たが、その人たちに送る書類一式ができていない。僕たちが向かっているのは、だれもいない養成研修施設、空っぽの教室、そしてティーチャー・コープがもはや存在しない状況だ。

いま僕たちに必要なのは、すぐに行動すること、そしてエネルギーと耐久力だ。僕たちのこれまでの成果を脅かしているものを最終的になくしてしまうまで、この二週間で感じた緊迫感は強くなる一方だろう。この危機に直接関わっている人たちはすぐに集まって、この危機からただちに抜け出すための計画を立てる必要がある。どうすれば、いまある資源をもっとも有効に活用できるか、考え出さなければならない。そして、怖いと思う必要がある。とても、とても怖いと思わなければならない。

――ダニエル

結果的にわかったことは、応募者は七五〇〇人には達しなかったが、幸運なことに、別の面での予測をまちがっていたということだ。応募者の質が予測よりも高かったのだ。二五〇〇名の応募者のなかから、私たちは簡単に五〇〇人の優秀な候補者を選ぶことができた。

## 私たちの不思議な自信の源

リクルートと選抜の問題は、私たちが抱えていた数多くの問題の一つに過ぎなかった。私たちは五〇〇人の新人教師のために、八週間の養成研修を設計し、実施しなければならなかった。また全国の五つか六つの地域で、まだ見ぬ教師を雇うと約束してくれる学区を探す必要もあった。さらにもっとむずかしい問題として、これらすべての支出をまかなうだけの資金を集めるという課題もあった。

初年度を通して私が自信を失わずにいられたのは、何かの奇跡のように思える。なぜ、ストレスや仕事量に打ちのめされなかったのだろう。必要な応募者を集められないとか、新人教師を雇うよう学区を説得できないとか、必要な資金を集められないなどと考えて、断念しなかったのはなぜだろう。私が持ちこたえられたのは、私のアイディアが持っている力を盲目的に信じていたからだと思う。失敗の可能性が現実的にあるのか、実のところ私には、よくわからなかった。ただ、そうした考えがふと心をよぎったことは数回あった。

エコーイング・グリーン財団から、ティーチ・フォー・アメリカについて論文を書きたいという大学院生を紹介されたときは心配になった。ほかに不安のもととなる材料はたくさんあったのに、私が心配したのはこの気の毒な人のことだった。私たちの計画が実現しなかったら、彼はどうするのだろう。

また、夜中の二時か三時ごろ、オフィスのコンピュータの前に座っていたとき、五〇〇人の大学卒業生がほんとうに夏の養成研修にやってきたらどんな感じか、想像してみたことがある。そのときは、実現できるようには思えなかった。私は何を考えているのだろう、と思った。でも、そんな疑問を抱いた時間は、ほんとうにわずかだった。一生懸命にやれば計画は実現できると、当然のように考えていた。単純に、そうでなければならないのだ。この国には、全国的なティーチャー・コープが必要なのだ。

驚くのは、私のまわりにいた人々が、同じように純粋な自信を持っていたことだ。リチャードはコープ・メンバーをリクルートする旅のあいだに、次の手紙を書いて送ってきた。

ウェンディへ

いまは夜中の二時で、ギランと僕はようやく、ボルチモアのベスト・ウェスタン・モーテルに逃げ込んだところだ。ギランはぐっすり眠ってしまったようだから、僕は不気味な薄青色の壁を見つめているしかない……。

ジョージタウン大学では、ほんとうにすばらしい人たちに会ったよ。他のどの学校でもだ。

そういう人たちに会って、彼らが変化を起こそうとしているのを見るのがどんなにうれしいことか、言葉では伝えきれない。彼らはこの国の未来に、前向きに貢献しようとしているんだ。

ほとんど眠れなかった日でも、同じ質問をくり返すのに疲れても、エネルギーがみなぎってくる感じがする。こんなにも大勢の人がティーチ・フォー・アメリカに参加したがっている。彼らの熱い思いが、ひしひしと伝わってくる。

たぶん、この手紙を書いているのは、このプログラムに参加してよかったと君に伝えたいだけなんだと思う。このチームなら勝利を勝ち取れることが、僕にはわかっている。成功することも、僕はわかっている。僕が会っているすごい人たちに、君も会えたらいいのに。海岸沿いを北上しながら、そう思った。

今晩、電話で話したときに、おかしかったこと。「調子はどう」と僕が聞いたら、君は「資金集めの調子ってこと?」って言ったね。僕はそのとき資金集めのことは考えていなかったんだ。だけど、君がそう言ったことで、どれだけその問題が君の肩に重くのしかかっているかがわかったよ。

念のため言っておくと、資金を集められるということについては、僕は一〇〇%の自信がある。そのことを、僕は君に知ってもらいたい(あえて言う必要はないかもしれないけれど)。

大変だろうとは思う。でも、僕は君のことも、スタッフのこともわかってる。
不可能なことは、何もない。
ではまた。

一九九〇年三月二五日

リチャード

## 二五〇万ドルを集める

私の資金集めの手法は――ロス・ペローにあてて返事の来ない手紙を送ることだけでなく――、企業や財団や資産家に何百通もの手紙を書きつづけることだった。そのあとでしつこく電話も入れるのだが、手紙の大半は大きなブラック・ホールのなかに消えてしまうようだった。

会えなかった人は何百人もいるが、その一方で何人かが私たちにお金を出すことを決めてくれた。カーネギー・コーポレーションのオールデン・ダナムはプリンストンの卒業生で、最初の年の夏に手紙をくれた人だ。そのちょうど一年後にまた手紙をくれて、私たちの目標達成に向けて、三〇万ドルを提供することを約束してくれた。

ケロッグ財団の教育プログラムのディレクターであるジャック・モーズリーは、のちに「あんな偉業をやってのけるとは、正直なところ思っていなかった」と私に言ったが、プロジェクトのコンセプトと私の信念に魅力を感じて四万ドルを投資し、さらに多額の資金を提供してくれた。

医薬品大手のメルクの広報担当バイス・プレジデントであるロビン・ホーゲンは、まだ会ってもいないうちに「最初のスポンサー企業になりたい」と電話で言った。

資金調達の世界で、私たちは少し名前が知られるようになった。あるとき、ビジネス界の教育への関わりに注目していた『フォーチュン』誌の記者が、電話をしてきた。六つの企業が『フォーチュン』誌に、ティーチ・フォー・アメリカを取材するよう推薦の手紙を寄こしたという。「なぜそんなに、人気があるんですか?」と彼女はたずねた。

その答えの一つはタイミングだと私は思った。このころ、公立の教育システムの失敗が、国じゅうで注目を集めはじめていたのだ。精選されたメンバーで構成される各種の委員会が、この問題について幅広く報告を行っていた。企業は教育改革の活動のなかで、支援できるものを探しはじめていた。探すのに長い時間はかけなかったので、ティーチ・フォー・アメリカ以外の大きなアイディアには行き当たらなかったのだろう。
それでも、私はとても心配になりはじめていた。人気は十分ではなかったのだ。
以下は一九八九年の秋に、資金提供を求めて書いた手紙の一つだ。

経営者様

私はこの六月にプリンストン大学を卒業し、その後は卒業論文で書いた内容を実現させるために活動しています。私が提案するのは、ピース・コープのモデルを活用して——つまり、全国的な規模での積極的なリクルート活動、厳しい選抜、大量の宣伝、短期間の活動、募集・トレーニング・配置を中央で一括して行う仕組みなどを実現し——、トップクラスの大学新卒者を集めて、アメリカ国内で教鞭をとらせることです。ビジネス界や教育界の多くのリーダーの支援を受けて、私は民間の非営利団体としてティーチ・アメリカを立ち上げました。こうして手紙を書いているのは、あなたに支援をお願いするためです。

現在、私たち五人の「開発チーム」が、全国的なリクルート活動を展開し、夏に行われる独自の養成研修を準備し、五つの主要な都市部や地方に、ティーチ・アメリカが採用した人たちを雇うよう働きかけています。諮問委員会はまだ形成途中ですが、次の方々が現在のメンバーです。ゼロックスの会長兼CEOであるデビッド・カーンズ氏、ユニオン・カーバイド会長兼CEOであるロバート・ケネディ氏、サンディエゴ学区の学区長であるトム・ペイザント氏、カタリスト社長のフェリカ・シュウォルツ氏、アメリカン・シアナミドの会長兼CEOであるジョージ・セラ氏。また、初期には金銭面、物質面で、モービル、ユニオン・カーバイド、アップルコンピュータ、ジェネラル・アトランティック・パートナーズから支援を受けました。今日まで私たちが活動できるのも、こうした企業のおかげです。

私たちのビジョンは、大学のキャンパスで、教えることが「やるべきこと」になること。教育を専攻しない優秀な学生たちが何千人も、教えようと決心すること。それにより、インナーシティや地方に慢性的に存在する教師不足が緩和されること。そして、何千人もの聡明な人々が、その後教職にとどまるか企業や政府や法曹界に移るかにかかわらず、教職と教育改革について知識と思いを持ち、その代弁者となることです。

私たちは三カ月前よりは確実に目標に近づいています。しかし、ビジョンを実現するためには、現在から九月までのあいだに、もっと多くの援助が必要です。ぜひお会いして、ティーチ・

アメリカについてお話ししたいと思います。あなたのアイディアやご意見をお聞きし、どのようにご支援いただけるかをお話ししましょう。のちほど、お電話させていただきます。

一九八九年一〇月一七日

ウェンディ・コップ

一九九〇年四月の時点で、二五〇〇人がティーチ・フォー・アメリカに応募し、コープ・メンバーとして参加する五〇〇人を選抜していた。養成研修の準備も始まっていたし、コープ・メンバーを採用するよう、六地域の学区を説得することもできた。だが、私は五〇万ドルすら、集めていなかった。

そんなある日、一人のスタッフが、私たちの間に合わせのオフィスの廊下で叫んだ。

「ウェンディ、ロス・ペローから電話!」

私は、友人のだれかがふざけて電話をかけてきたのだろうと思った。だが、ほんとうにロス・ペロー本人だったのだ。私の心臓は音をたて、ほとんど息もできず、まともに話せなかった。かろうじて、もし会っていただけるなら、来週ダラスに行きます、と言った。彼は了解してくれた。私は電話を切り、ダラス行きをスケジュールに入れた。

あれほど心を決めていた朝は、生涯になかった。ロス・ペローのオフィスを出るときには必ず、コープ・メンバーを訓練して派遣するための資金を手にしていよう。それ以外の選択肢はなかった。彼のオフィスに入る前に、私は頭のなかでイメージした——約束を得るまでは、椅子にしっかりと貼り付いたままでいること。私は怖かった。ロス・ペローに会うからではなく、ティーチ・フォー・アメリカの運命が、この一回の面談にかかっていたからだ。

私はペロー氏の華やかに装飾されたオフィスに入った。座った椅子は、赤の革張りだったと思う。私は自分のミッションを説明したはずだが、覚えているのはペロー氏がよく話したということだけだ。彼はたくさんしゃべり、彼が何を話しているのか、ついていくのに苦労した。私はただ、「この人から一〇〇万ドルもらうまで、ここから離れてはいけない」と考えつづけていた。

ペロー氏が、サム・ウォルトン［ウォルマート創業者］や他の慈善家に連絡してみてはどうかと提案してくると、もっとも有力な候補者はペロー氏自身なのだと私は言い張った。二時間ほど話が行きつ戻りつしたあと、ついにペロー氏は、チャレンジ助成金として五〇万ドルを提供すると約束した。この三倍の金額を集めるという「チャレンジ」に成功したら、氏の助成金ももらえるのだ。

なぜペロー氏がそうすることに決めたのかは、よくわからない。何か約束を得るまで、私がどこにも行かないということを、ペロー氏は気づいたのかもしれない。あるいは、何もリスクはないと思ったのかもしれない。彼の資金は、私たちが待ち望んでいた触媒となってくれた。他の資金提供者（以前はやや疑問を持っていた人や、他の資金が入ってくるのを待っていた人など）が、比較的短期間に、必要な一五〇万ドルを提供してくれたのだ。

ペロー氏のオフィスを出ると、私は近くの公衆電話に突進し、ダニエルを呼び出した。私が口を開く前に、ダニエルは話しはじめた。応募書類の処理に追われて徹夜が続いているのに、私がテキサスに行っているのでイライラしていたのだ。一〇分間彼の話を聞いたあと、ロス・ペローがチャレンジ助成金として五〇万ドル出してくれることになったと伝えた。

「そりゃあ、すごい」とダニエルは言い、電話を切った。続く何年ものあいだ何度も経験するように、私たちの組織のようなストレスと混乱のなかでは、ほんとうに優れた業績もそれにふさわしく祝われることはない。次の課題に取り組むのに、みんな必死なのだ。

私が大学を卒業してからちょうど一年と一〇日後に、五〇〇人のコープ・メンバーが南カリフォルニア大学の講堂に集合し、ティーチ・フォー・アメリカの最初の夏季養成研修の開幕式が行われた。この国でもっとも引く手あまたの新卒者ばかりが、一〇〇の大学から集まっていた。イェール大学からは二九人が参加した。ほかに参加人数の多かった大学は、タフツ大学、プリンストン大学、ウィスコンシン大学、ヴァンダービルト大学、ハーバード大学、ニューヨーク州立大学ビンガムトン校、コーネル大学、ブラウン大学、ミシガン大学などだった。

彼らはみな、低所得地域の子供たちに多くのチャンスを与えたいという、共通した思いを抱いていた。部屋のなかにはエネルギーが充満していた。ついに実現したのだ。私が思い描いたとおりだった。ほんとうにこの日が来たことを、なかなか信じられなかった。

メディアもここで起こっていることを伝えた。「プリンストン学生のひらめき——ピース・コープの教師養成版」。六月二〇日の『ニューヨークタイムズ』紙の第一面には、こう掲載された。二日後にはニュース番組の「グッドモーニング・アメリカ」が特集を組んだ。数週間後には、『タイム』誌が一ページの記事を掲載した。

その後何年ものあいだ、「なぜ、これだけのことを成し遂げられたのか」とたずねられると私は、何も秘密はない、と答えてきた。ただ計画を立てて、一歩一歩前に進んできただけだ。ティーチ・フォー・アメリカが実現したのは、アイディアが良く、計画が理にかなったものだったからだ。だが、いまになって、この答えでは不十分だと思うようになった。

こんな話を聞いたことがある。あるアイディアが実現しようとするときは、宇宙の法則が止まって、そのための道がつくられるのだという。ティーチ・フォー・アメリカの最初の一年は、そのような状況にあったのだと、いまははっきり感じられる。

こうしてティーチ・フォー・アメリカは、どんなに理想主義的なビジョンも実現できるのだという証となった。

## 03

# 理想だけでは不十分なとき

When Idealism Isn't Enough

コープ・メンバーたちの勢いは予想を超えたもので、それは養成研修で頂点に達した。数カ月前に私たちは、現職の優秀な教師と、教師養成を専門とする教授たちを集めて、助言をしてもらうグループを組織し、研修の枠組みとカリキュラムを決めてもらった。彼らがつくった計画によれば、コープ・メンバーは午前中に教育実習をし、午後には指導教官や教授などから指導やアドバイスを受けることになっていた。

私たちは、最初のティーチ・フォー・アメリカのコープ・メンバーたちを、ロサンジェルスに連れて行くことにした。ロサンジェルスでは学校のシステムが年間を通じたものとなっているので、夏でも訓練中の先生を受け入れられたのだ。南カリフォルニア大学に頼んで施設を使わせてもらうことにし、電話インタビューで指導教官を決めた。教育関係の出版物に広告を出して、それを見て応募してきた人たちのなかから選んだ。手はずはすべて整ったように思えた。だが、メンバーは加熱し過ぎていた。

## 長い八週間

研修の開幕式で私が登場すると、コープ・メンバーは拍手喝采し、叫びはじめた。

「ＴＦＡ、ＴＦＡ、ＴＦＡ……」

熱く盛り上がった空気に、私はいくぶん狼狽していた。おそらく私は察していたのだ。あふれる活気と幻滅のあいだには、わずかな違いしかないことを。もし、コープ・メンバーが最初の段階で冷静であれば、教室でたいへんな問題に直面しても、もっと冷静でいられたはずだ。若くて経験のないティーチ・フォー・アメリカという組織の不手際に対しても、もっと理解を示してくれたかもしれない。

実際、コープ・メンバーが幻滅までの短い距離を落ちていくのに、一週間もかからなかった。まもなく私は、自分が危機の真っ只中にいることに気づく。

メンバーの選抜において、私たちはいくつか間違いをおかした。なかでも、あるコープ・メンバーは、スタッフや他のメンバーを震え上がらせるほどで、警備員によって大学外へ連れ出されることになった。その直前に彼はロス・ペローに電話をかけ（ペロー本人がその電話を受けた）、ティーチ・フォー・アメリカが「明らかに反アメリカ的活動」をしていると報告していた。

さらに大きな問題もあった。コープ・メンバーの何人かが、思いやりや自覚のなさについて、お互いを批判しはじめたのだ。豊かな階層出身のメンバーに有能な教師になれるだけの視点や謙虚さや自覚があるのか、と何人かが疑問を投げかけた。緊張感が非常に高まり、講義は野放しの議論となった。コープ・メンバーがマイクを持って自分の意見を言い、仲間のメンバーを攻撃し、講師を困らせた。

ティーチ・フォー・アメリカに対するコープ・メンバーのいらだちは、組織の不手際によって、ますます増幅された。夏のはじめに、私たちは応募資料に間違いがあることに気づいた。パンフレットのなかで、低所得地域で働く教師に対して学費ローンの返済を免除するという国のプログラムについて書いたのだが、それが一九九一年以前の卒業者に対しては適用されないということを説明していなかった。つまり、初年度のコープ・メンバーはすべて対象外なのだ。私たちは、やるべきだと思ったことをした。ティーチ・フォー・アメリカ自体が、ローンを肩代わりすることにしたのだ。資金的に苦しかった私たちの組織は、これにより一〇万ドル以上を追加で負担することになった。だが、こう約束しても、失った信頼は取り戻せなかった。

加えて、質素な生活環境により、状況はさらに悪化した。お金を節約するために私たちがとった手段の一つは、学生寮の設計者が意図したよりもずっと多くの人数を、寮の部屋に詰め込むことだった。もう一つの手段は、南カリフォルニア大学の高価なフードサービスを使わず、朝食には自分たちでベーグルとクリームチーズを届けることだった。大学生のインターンの二人が、毎朝四時半に車で地元のベーグル店に向かった。五時までに、五〇〇個のベーグルとクリームチーズを、中庭に設置したピクニックテーブルに並べ、コープ・メンバーが朝の課題に向かう前に食べられるようにした。

おそらく最大の問題だったのは、研修の設計が甘かったことだろう。指導に当たる講師たちには研修以前に一度も会ったことがなく、彼らに渡した手引き書も、話すべきトピックと強調すべきテーマを、一ページのリストにまとめただけのものだった。その結果、トレーニングの質は指導者によって大きく異なった。非常に優秀なベテランの教師から何時間にもわたりアドバイスを受けて、感謝しているメンバーもいた。一方で、効果がないように思えるセッションを受けつづけ、非常にいらだっているメンバーもいた。こうした状況のなかで、講師たちが持ちこたえてくれたのは驚くべきことだ。おそらく、コープ・メンバーのエネルギーや、私たちの理想主義にはうんざりしていたことだろう。私たちが提供したわずかな手引き書には、感銘を受けたはずもない。
次々と出現する問題と陰で格闘しながら、同時に私は、自分の殻にも閉じこもっていた。私は本来、社交的ではない。聡明で要求水準の高いコープ・メンバーが怖くて、私の内向性はいっそう強まった。私はできる限り人目につかないようにした。寮の一部屋に臨時のオフィスを設けていたので、私は朝の早いうちからそこに行き、夜が更けるまでその部屋にいた。やがて、カフェテリアに行くのさえも怖くなってしまった。

私の短い人生のなかでもっとも長かった八週間が終わり、コープ・メンバーはついにそれぞれの勤務地に向かっていった。だが、その前にレイ・オーウェンズが、そもそもなぜ私たちが集まったのか、その理由を思い出させてくれた。彼は同期の四八八人にとって、忘れられない人となるだろう。レイは養成研修の閉幕式で、コープ・メンバーの代表として次のようなスピーチをした。ほんとうに感動的なスピーチだった。

> 同期のみなさん、ＴＦＡのスタッフ、先生方、家族、そして友人のみなさん。たいへん僭越

ながら、話をさせていただきます。

「アメリカン・ドリームはただの悪夢で、実現することなどない」と決め付けてしまう子供たちに、私たちはどれほど多く出会うことでしょう。不十分な教育という怪物が、子供たちを無知と絶望という真っ暗なほら穴に閉じ込めてしまっています。彼らは望みも低く劣等感を抱いていますが、それはこの国の学校制度がつくりだしたものです。アメリカはこうした子供たちに、夢はひとまずあきらめろと言ってきました……。「自由と正義をすべての人に」と約束している国が、子供たちを見捨てているのです。微分積分や文章読解の授業が行われない学校に子供たちを送ることで、こうした状況が起こります。より高度な教育機関での、レベルの高い学習に備えることができないのです。「すべての人は平等である」はずの国が、持てる人と持たざる人とのあいだで教育の不平等が存在することを是認し、そのことによって子供たちに、君たちは例外だと言っているのです。

こうした学校では、あなたがファイベータカッパ〔成績優秀な学生で組織される、全米的な組織の会員〕であっても、まったく関係ないでしょう。コンプトン市やジョージア州の農村部の子供たちは、あなたが一流の大学を卒業したと言っても、意に介さないでしょう。一日の終わりに学校のチャイムが鳴ったとき、あなたが優等で卒業したかどうかは重要ではないのです……。

重要なのは、あなたが子供たちから尊敬され、賞賛される力があるかどうかです。子供たちは、私たちの真の思いやりと関心を必要としています。つまり、子供たちのことを考えているということ、そして彼らを信じているということを示さなければならないのです……。言葉で言うだけでは十分ではありません。子供たちを見るときに、そう示さなければなりません……。子供たちを励ますときに、そう示す必要があります……。そして、子供たちのために絶え間なく働きつづけることで、それを示すのです。

子供たちが私たちから学ぶのと同じくらい、私たちも子供たちから学ぶことがあると考えましょう。一人ひとりに経験があります。一人ひとりに物語があります。私たちはその経験を知り、物語に耳を傾けなければなりません。経験や物語のなかにあらわれているのは、わが国の歴史であり、この世界の歴史です。ときには、不愉快な物語もあるでしょう。しかし、そうした物語とこそ、戦わなければなりません。ときには、わが国で主流ではない社会集団の文化や精神を踏みにじった、残酷な弾圧の物語もあるでしょう。しかし、そうした真実と向き合うまで、そうした子供たちと向き合うまで、いまだに存在する間違った行いをなくすことはできないのです……。

私は、新たな希望をもって、この研修から旅立ちます……。その希望は、ある信念から生まれています。それは、「十分に思いやり、十分に信じることができたとき、人は変化を起こせる」という信念です。どれだけ思いやれるか、どれだけ信じられるか、競い合いましょう。バトンルージュに住む少女が、あなたの思いやりを必要としています。この近くのコンプトンには、あなたに信じてもらわなければならない小さな少年がいます。私たちは、このプロジェクトにおける、そもそもの願いを認識しなければなりません。私たちのあいだにどのような違いがあろうと、いまこそ私たちは団結し、この国の子供たちに可能な限り最善の教育を提供するのです。

第一日目、学校のチャイムが鳴り、生徒たちが席についたとき、この国の未来とこの世界の未来は、私たちの手のなかにあるのです。私たちが行うことは、それが何であれ、ずっと影響しつづけます。生徒の人生だけでなく、関わる人々すべての人生に影響を与えるのです。したがって、私たちが自らに問うべきことは、「どうすれば、うまくやれるだろうか」ではなく、「うまくやらずに、済まされるわけがない」ということです。

研修が終了した日の翌日、コープ・メンバーたちはそれぞれの教室へと旅立っていった。ニューヨークへ、ロサンジェルスへ、ニューオリンズへ、バトンルージュへ、ノースカロライナ州とジョージア州の農村部へ。そして学校のチャイムが鳴り、ティーチ・フォー・アメリカの初年度が、ほんとうにスタートしたのだ。

## 教室でのデビュー

コープ・メンバーがティーチ・フォー・アメリカでの実際の仕事に向かうと、疲労困憊の夏は終わり、私はようやくニューヨークへ戻ってきた。

私たちのミッションを前に進める責任は感じていたが、自分の居場所を取り戻せたのは幸せだった。大学のカフェテリアではなく、また街のデリで平和にランチを買えるようになった。ここでは、怒りに満ちた不満をぶつけられることもない。朝六時に、セントラルパークへジョギングにも行けるようになった。朝の研修課題に向かうコープ・メンバーに遭遇することを恐れる必要もない。何よりも、養成研修が終わったのがうれしかった。(相対的に見れば)至福の時だった。

コープ・メンバーの配置とサポートはリチャードに任せた。彼はそれぞれの地域で、地域ディレクターを雇った。地域ディレクターはオフィスを立ち上げ、学区と連絡をとってコープ・メンバーの雇用状況を確認し、メンバーをサポートするため、定期ミーティングの開催やニューズレターの発行などを行った。地域ディレクターを五月に採用できた地域もあったが、七月まで採用できなかった地域もあった。そして、その全員が大学新卒者だった。ほかに、こんな難題に立ち向かう勇気のある人がいるだろうか。

コープ・メンバーを教師として採用することに関して、各地域で早期に合意は得られたものの、実際に教職のポジションを確保するのは別の問題だということが、すぐに明らかになった。予期しなかった予算の削減により、採用数が減ったケースもあった。コープ・メンバーが面接を受ける前に、校長がすでに別の教師を採用してしまっていたケースもあった。当然のことながら、こうした状況によりコープ・メンバーのいらだちは募り、私たちは信頼を失った。だが、リチャードと地域ディレクターの不眠不休の努力のおかげで、コープ・メンバーたちは最終的には教職に就くことができた。ただし、何人かの採用は学校が始まって数週間経ってからになった。他の新任教師の退職や、生徒数の確定を待たなければならなかったのだ。

夏の研修の二～三週間後、私はジョージア州の農村部にコープ・メンバーを訪ねた。

この旅は、まさに私が必要としていたものだった。ホイーラー郡や近隣の郡の教室には、私がティーチ・フォー・アメリカを考え出したとき、思い描いたとおりの光景があった。聡明で熱心なコープ・メンバーが生徒を鼓舞し、校長や同僚たちに感銘を与えている。ある学校を訪れたとき、経験豊かな先生が三人、私を廊下で呼びとめて「ありがとう」と言ってくれた。

「彼らをここに連れてきてくれて、ほんとうにありがとう。あれほど聡明な若者が、私たちの学校に教えに来てくれるなんて。ほんとうにすばらしいよ」

この学校の校長は、入学者数が予想よりも少ないとわかったとき、コープ・メンバーのタリック・レムトゥーニのクラスを解散しようとした。だが校長は、その決定を取り消したと私に言った。生徒たちが、「別のクラスに移されるのなら、座り込みをする」と脅したからだ。

別の学校では、学区長のアシスタントが付き添って、コープ・メンバーの活動を見せてくれた。スペイン語のクラスを見学したあと、彼は言った。

「見ましたか？　子供たちが熱中していましたよ。子供たちがスペイン語のクラスに熱中するなんて、これまで見たことがありませんし

この時点でコープ・メンバーは、まだ二週間しか教えていなかった。まだ、自分の住居も整っていないような状態だった。

だが、時間が経つにつれ、予想しなかった問題も出てきた。一〇月には、ニューオリンズの教師がストライキを起こした。コープ・メンバーは、どうすべきかわからなかった。同僚と一緒にストライキをすべきか、あるいはストには参加しないか。もしストライキに参加したら、ティーチ・フォー・アメリカは資金的に彼らを助けてくれるのか。そのとき彼らはまだ、最初の給料ももらっていなかった。

同じころニューヨークでは、年度の途中で大幅な予算の削減を行うと市が予告した。学区側は、最近雇用した者から順に、多数の教師を解雇せざるをえなくなる可能性があった。コープ・メンバーたちは、職を失うのではないかと心配しはじめた。

そしてどの地域でも、教職が非常にたいへんな仕事だということに、コープ・メンバーは気づきはじめた。ロサンジェルスの指導教官相手の教育実習だけでは、実際の教室で直面する問題にはなかなか対応できなかった。経験豊かな先生のクラスで教育実習をするのと、管理の行き届いたクラスを一からつくりあげるのとは、まったく別ものだった。

いまやコープ・メンバーたちは、丸一日分の効果的な指導方法を毎日毎日考え、授業への集中を妨げる無数の障害を克服するよう生徒たちを助け、事務処理などの仕事にも対応するという具合に、すべての責任をその肩に背負っているのだった。コープ・メンバーは全員、その社会経済的・民族的背景にかかわらず、自分の生徒たちの価値観や夢や習慣を理解するために、多くを学ばなければならなかった。自分たちにとって未知の地域社会のなかで、アメリカでもっともむずかしい教職に取り組んでいた。メンバーは、私たちが事前に真実の姿を伝えなかったと言い、十分なトレーニングをせず、研修も不十分だったと言った。

## 可能性を感じつづける

持ち上がってくる問題はあったが、私はどうにか当初からの楽観的な見方を維持していた。大変な時期はあったにせよ、結局のところ、ものごとは進んでいた。疑ってかかる人たちが何を言おうと、私たちは五〇〇人のコープ・メンバーを全国の学校に配置し、必要だった二五〇万ドルを集めた。何事でも可能であるように、私には思えた。私は大きく考えること《シンキング・ビッグ》をやめなかった。

最初の年、毎週月曜の夜にスタッフ全員を呼んでミーティングをすることにした。この戦略会議は、午後九時ごろスタートした。中華料理のテイクアウトを頼み、みんなで私の部屋の床に座った。人数が増えると、三三階のオフィスの端の空いていた場所を占拠し、そこを「眺めのいい部屋」と呼んだ。その場所は、いまなら一平方フィート〔約三〇センチ四方〕あたりの賃料が一〇〇ドルほどにもなるような場所で、床から天井までの窓があり、マンハッタンの夜景を眺められた。私たちのミーティングは、いつも午前二時か三時まで続いた。二年目のある時点で、私は仕方なく、すべてのスタッフ・ミーティングは真夜中一二時までに終了するというルールを作った。

ニューヨークに戻ってまもないころの月曜ミーティングで、私たちは規模の問題について話し合った。コープ・メンバーの加入は、毎年五〇〇人の規模を維持すべきだとの意見が多かったが、私は、このムーブメントの力を示すために、大きく成長する必要があると思った。そこで私は、二年目に一〇〇〇人のコープ・メンバーをリクルートしたいと主張した。この問題では、何十時間も熱い議論が戦わされた。なかなか合意は得られなかった。私はここが自分たちのミッションの根本となる部分だと思っていたので、妥協したくなかった。他の人々が私と同じように可能性を感じてくれなかったことに我慢ができず、最終的には私が決断を下した。

ティーチ・フォー・アメリカの規模を拡大することに加えて、私は事業を改善することも決めていた。選抜のプロセスを向上し、夏の研修を強化し、コープ・メンバーが現場で教えはじめてからのサポート体制を構築する必要があった。

カフェインが原動力になっていたともいえる月曜ミーティングからは、新たな活動が数多く生まれた。コープ・メンバーの拡大に対応するため、派遣地区を新たに五カ所探した。リクルートを担当するフルタイムのスタッフも探した。ボランティアの大学代表よりも、より専門的なイメージを持たせるためだ。また、研修を担当する講師の個人面接を計画し、研修が始まる前に講師をトレーニングして、より管理された研修の仕組みをつくることも考えた。さらに、コープ・メンバーを現場でサポートする計画も立てた。一年次と二年次のあいだには、コープ・メンバー会議を開くことにした。そして、一九九〇年代を通じて事業を続けるために、各地のオフィスをネットワーク化し、各人にコンピュータを持たせ、精巧なデータベースをつくることも決めた。

もちろん、こうした拡大策にはお金が必要になる。初年度に集めた額の二倍の、五〇〇万ドルが必要だった。しかし、ミッションを実現するためには、先に挙げたさまざまな計画を実施しなければならない。選択の余地はない、と私は思った。単純に、お金を集めなければならないのだ。

コープ・メンバーのリクルートを始めてみると、新しいリクルート目標は、私が予想していたよりもむずかしいことがわかった。春に入るころ、応募者数は約三〇〇〇人にとどまることが明らかになった。そのうち、採用基準に達するのは七〇〇人ほどだった。三〇〇人足りなかった。

しかし、それでも私の気持ちはくじけなかった。そのころまでに私の関心は、リクルート目標を達成することから、コープ・メンバーに必要なトレーニングとサポートを受けさせることに移っていた。

コープ・メンバーがさまざまな問題にぶつかっていると聞いたので、私たちは数少ないスタッフのなかから何人かを、最大の配属地であるニューヨークとロサンジェルスに派遣した。彼らは学校を訪問し、地域オフィスで仕事をした。やる気を出してもらうため、休日にはパーティを開いたり、元気の出るような言葉を添えてカードを送ったりもした。だが、それだけでは明らかに不十分だった。

コープ・メンバーは勤めている学校からは指導や育成を受けていなかったし、必要な認定証を取るために入学した地元の大学でも、そのカリキュラムは低所得地域で教える新人教師のニーズに合ったものではなかった。コープ・メンバーはそれ以上のものを求めていた。理事会のメンバーも、資金提供者も同様だった。彼らは現場からの報告を聞くと、現場で教えるメンバーをサポートするのはティーチ・フォー・アメリカの責任だと言った。

私はすぐに納得した。コープ・メンバーの成功のためなら、できることは何でもやりたかった。私たちは、コープ・メンバーの育成にあたる経験豊かな教師を雇いはじめた。サポート・ディレクターと呼ばれた彼らは、地域オフィスを拠点として働き、コープ・メンバーの教室を訪ね、アドバイスを与えた。

私たちはこの戦略をどんどん強化していった。サポート・ディレクター一人で、各地域一〇〇人から二〇〇人の新人教師を担当するのは無理だとわかったので、もっと採用したのだ。またコープ・メンバーには、ときどき授業を見てもらう以上のサポートが必要だということもわかった。そこで私たちはワークショップを開いたり、コープ・メンバーを少人数のグループに分けてディスカッションをさせたりした。

一〇〇〇人の目標に達しなかったぶん、私たちはお金を節約できた。だが、コープ・メンバーのサポートを強化したことによりコストが増えた。二年度のコストは五〇〇万ドルに収まりそうだったが、三年度のコストは七〇〇万ドルに達しそうだった。

## 資金を集める

私はほとんどの時間を、資金調達に費やしていた。集められる金額はどれだけ力を注いだかに比例するのであって、支援者の金銭的な余力や優先順位によって決まるのではない、と私は考えていた。一生懸命やればやるほど、資金的には安定するのだ。

イアン・ヒュッシュルが、手伝おうと手を挙げてくれた。イアンはハーバードで、あるクラブのために助成金をいくつか獲得したことがあり、資金調達に関してはだれよりも経験があった。私は彼の協力に感謝した。

私たちは、初年度に有効だった方法を続けた。つまり、面会を求める手紙を何百通も書き、そのあと電話をかけ、支援してくれそうな人を訪ね、コンタクトができると、まめに連絡をとった。私たちは国じゅうを旅し、企業の重役や財団の担当者、個人で資金を出してくれそうな人などに会った。コープ・メンバーが活動している地域にも行ったし、それ以外の地域で資金源を見つけられそうなところや、教育改革に関心のある人々がいそうな場所にも行った。

私たちは、アメリカの有力な企業人に会うことができた。二年目には、次の人々に会った。アップルコンピュータの設立者であるスティーブ・ジョブズと、当時CEOだったジョン・スカリー。タイムの前CEOであるディック・マンロー。アメリカン航空CEOのロバート・クランダル。エア・プロダクツ・アンド・ケミカルズのCEO、エド・ドンリー。バンク・オブ・アメリカのCEO、リチャード・ローゼンバーグ。エッセンス・コミュニケーションズCEOのクラレンス・スミス。ゼロックスCEOのデビッド・カーンズ。エレクトロニック・データ・システムズのCEO、レス・アルバーサル。アルコCEOのボブ・ワイコフ。投資家のヘンリー・クラビスと、ヒラリー・クリントンにも会った（彼女の夫は「ミシシッピ・デルタには、ティーチ・フォー・アメリカが必要だ」という一文が書かれた手紙を送ってくれた。ヒラリー・クリントンは、その地域にどうやって進出すべきか、アドバイスをしてくれた）。

なぜ、このような人たちに会うことができたのだろうか。それはおそらく、私たちが大胆にも「会ってください」と頼んだからだろう。このころまでに、諮問委員会の顔ぶれはそうそうたるものになっていたし、一年間の実績はめざましかったし、メディアでも報道されていた。このような重要な企業人に会うことも、まったく当たり前のことだと思っていた。とくに興奮もせず、たいていの場合、ただ疲れていた。資金集めの旅では、何度も飛行機に乗り、飛行機はよく遅れ、一日に何件もの面談が入っていて、企業のオフィスを次から次へと渡り歩いた。何度も同じ口上をくり返した。夜はわびしいモーテルで過ごした。

残念ながら、私の性格は、スピーチやプレゼンテーションのくり返しに向いたものではなかった。

一九九〇年一〇月、私は「グッドモーニング・アメリカ」でインタビューを受けた。メーク担当の人が、私の青ざめた顔を見るなり言った。

「あらあら、目を覚まして」

目は覚めている、と私は心のなかで言った。ただ、見知らぬ人とどうやっておしゃべりすればいいのか、わからなかったのだ。

でも、私たちの大きな目標を達成するためには、外交的な性格を演じる必要があった。だから、こうした状況でどうすればうまくやれるのか、私は努力して学んでいった。資金集めのための面談で、イアンがどうしてあれほど楽に会話を進められるのか、私は研究した。どうやって、あんなに話すことを思いつくのだろう。どうして初対面の人と、気楽に接することができるのだろう。

イアンと私は、二カ月先の支払いができるかどうかもわからなかった。ティーチ・フォー・アメリカの銀行口座の残高が、毎週減っていくのを見て身震いした。そして、もっと電話をかけよう、もっと面談を入れよう、と決心するのだった。毎週、ギリギリのところで、必要なお金を確保した。ストレスはどんどん大きくなっていった。ティーチ・フォー・アメリカにお金が入るかどうかは、私たちにかかっていたのだ。

## なんとかやり続ける

やるべきことは、たくさんあった。資金集めの面談、スタッフ・ミーティング、プログラムの向上の仕方について書くこと、資金提供者への手紙や電話、日々積み重なっていく私への書類を読むこと――私は常にこうした仕事に関わっていた。息をつく暇もなかった。一週間に数時間、ルームメートと映画か外食に行く時間をつくることもあった。また毎朝一時間のジョギングの時間は確保していた。だが、それ以外の時間はすべて、ティーチ・フォー・アメリカに費やしていた。

私の出張のスケジュールは異常だった。二年目の最初の五カ月間で、私は二五回旅をした。ニューヨークからロサンジェルスまで、マイアミからベイ・エリア［カリフォルニア州サンフランシスコ周辺］まで、国中を行き来した。

一九九〇年一〇月の、私の典型的な一週間を紹介しよう。金曜日の夜、ロサンジェルスから夜行便に乗ってニューヨークに行き、土曜の朝七時に到着。ティーチ・フォー・アメリカを研究している人と午前一〇時にブランチを食べ、一二時から六時のあいだ毎時間、採用候補者を面接。日曜日にイアンとワシントンDCに行き、『USAトゥデイ』紙のインタビューを受け、『フォーチュン』誌主催の教育に関する会議に出席。月曜の夜、ニューヨークに戻って定例の月曜ミーティングに参加。火曜日にはニューオリンズに行き、ティーチ・フォー・アメリカのためのレセプションに出席。ルイジアナ州には木曜日まで滞在し、ニューオリンズやバトンルージュで各種打ち合わせ。金曜日には、テキサス州オースチンへ向かう。二回目の大学代表者会議のためだ。ニューヨークにようやく戻ったのは日曜日だった。その後しばらくして、アシスタントを雇うべきだと気づき、ボイスメールなどの最新の機器があれば、外出先からの連絡も簡単になると気づいた。だが、このころは両方ともなかった。

毎日――実のところ毎時間――、最高な気分と最低な気分を行き来していた。一九九一年六月のある月曜日はこんな調子だった。

ワシントンDCで開かれていた教育関係の会議を途中で抜け出し、私は怒った校長が待っているニューヨークに向かった。校長によると、私たちがコープ・メンバーの候補者に送ったある記事を、学校関係者が見たという。その記事では、あるコープ・メンバーがその地域を蔑視するような発言をしていた。その発言はまちがって引用されていた。私たちはその記事を発送すべきではなかったのだ。私は校長に謝りたかったし、その緊張した状況を和らげたかった。

飛行機は遅れ、私の反応が鈍いと校長に思われるのでは、と心配した。幸いなことにミーティングの開始も遅れ、私はミーティングが始まる前に到着することができた。

私は一度も教壇に立ったことがない二三歳の白人の女で、その私がベテランのアフリカ系アメリカ人の先生たちや、私の二倍以上の年の理事たちの緊張を和らげようとしていた。誠意をもってすれば何とかなると願いながら、私は飛び込んだ。でも、わずかな成功しか得られなかった。コープ・メンバーは職を失わずにすんだが、私の謝罪は受け入れられなかった。

ワシントンの会議に戻るための飛行機に乗り遅れ、ようやく乗り込んだ飛行機も大幅に遅れた。私はまたいらだった。今回は、資金提供者に会う機会を逃したからだ。だが、ＩＢＭのＣＥＯであるジョン・エーカーズの基調演説の、最後の何行かは聞くことができた。夕食が終わったあと、支援者の一人が私をエーカーズ氏に紹介してくれた。氏は言った。

「娘を、ティーチ・フォー・アメリカに応募するよう、説得しているところなんですよ」

「えっ、ほんとうに?」と、私は心の中で思った。「IBMのCEOがティーチ・フォー・アメリカのことを知っていて、そのうえ、自分の娘を参加させたがっているなんて」。その晩は、その日一日の上がり下がりでめまいを感じながらモーテルに戻った。


感情的にもジェットコースターに乗っているようだったが、資金調達の過程では、経済的にまったく異なる二つの世界を行き来することになった。一つは資金の足りない学校、もう一つはアメリカの華やかな慈善家の世界だ。同じ六月に、私はカリフォルニアに行き、コンプトン高校を訪問した。ロサンジェルスでもっとも問題の多い学校の一つだ。私は古い二階建ての校舎を歩いた。壁のペンキは剥げ落ち、廊下は暗かった。この学校では七人のコープ・メンバーが働いていた。そのなかの一人、マーク・スウィントンは、物置として使われていた古い講堂を劇場に変えた。彼の生徒たちが手の込んだ作品を演じ、地域の人が数百人それを観にやって来た。

学校訪問のあと、イアンと私は上品なレストランで夕食をとった。ディック・リオーダン(のちにロサンジェルスの市長となった）、リック・ゲリン（非常に成功したビジネスマン）、ジャッキー・コッツェン（元シティコープの戦略立案のトップで、当時はロイド・コッツェン氏の妻。同氏はニュートロジーナのトップで慈善家であり、職業としての教育の地位を高めようとしていた）と一緒だった。夕食のあいだ私たちは、持てる人と持たざる人との格差の広がりや、ロサンジェルスで悪化している民族間の緊張状態について話した。リオーダン氏は、「時限爆弾に座っているようなものだ」と表現した。

イアンと私がその晩どこに泊まるかを決めていない、ということにジャッキー・コッツェンが気づくと、彼女は家に来るように言ってくれた。そこで私たちは、その晩をベルエアー〔ロサンジェルス市の高級住宅街〕で過ごすことになった。翌朝、目が覚めると、キラキラと輝くプールと、日差しが降り注ぐテニスコートがある、すばらしい景色が見えた。

旅をすることで、裕福なアメリカの安全で特権的な世界と、コープ・メンバーが教鞭をとる世界との格差について深く考えるようになった。私は両親にこう手紙を書いた。

「前者の世界ではすべてがうまくいき、後者の世界では何もうまくいかない、というほどの違いがあります。もしかしたら、裕福な世界ではずっと落ちていってもまだ大丈夫、というだけなのかもしれないけれど……。裕福な世界ではどんなことでも可能なのに、もう一方の世界では、まったくそんなことはありません」

## スタッフとの対立

ティーチ・フォー・アメリカでは、すべての決定は合意のもとになされ、創業者から受付まで全員が、成功のために等しく努力する。そのような組織になると私は思い描いていた。階層は不要だ。仕事はそれぞれ異なるけれど、私と他のだれとのあいだにも階層は存在しない。すべてのスタッフの収入が二万五〇〇〇ドル。すべての意思決定は、定例の月曜夜のミーティングで下される。

私たちの組織の構造はそのような考え方を基盤としていたが、私がスタッフを採用して管理する方法には、きちんとした方針はなかった。採用候補者に何を求めればいいいか、わからなかった。私たちのミッションに対して熱い思いを持ってもらうことは当然だったが、ほかには何が必要なのだろう。幸運なことに初年度には、ずば抜けて優秀な人たちを雇うことができた。だが同時に、あまり適任でない人も採用してしまった。

さらに事態をひどくしたのは、だれに対しても、指示しなくても仕事ができるだろう、と私が思い込んでいたことだ。スタッフが必要なレベルの仕事をしなかったときは、その仕事に向かなかったのだと結論づけた。「私が」何かまちがったことをしているとか、経験のないスタッフには指示や育成が必要だということは、まったく考えもしなかった。

また、私の性格がその役割に向いていない、という問題もあった。私はマネジャーのタイプではなかった。歩き回ってみんなを元気づけ、全員が気持ちよく過ごしているか確認するようなことはしなかった。オフィスに来ると、一六時間ずっと打ち合わせをしたり、電話をしたりしていて、スタッフの顔を見ることさえなかった。

最大の問題は、私がスタッフと同様に経験が浅かったことだ。はっきり物を言うのは得意ではなかった。スタッフの業績に問題があると、私はうろたえた。また、自分の言葉がスタッフに対してどれだけインパクトを与えるか、いま考えれば驚くほど無理解だった。私のメッセージで協力を促し組織を進歩させることが、どれだけ重要なのかということに気づいていなかった。そのうえ、資金調達という難題に圧倒されており、内部の問題に割く時間はほとんどなかった。

初年度のうちは、スタッフ全員が一つのオフィスにいて、ミッションに向けてみんなの熱意で心が一つになっており、こうした問題があっても、なんとかやって来られた。だが、組織が拡大すると、状況は急速に変わった。

二年目の終わりには、一一のオフィスで五五人のスタッフが働いていた。組織構造がフラットだったので、全員が私に報告を上げ、私から励ましやフィードバックが返ってくることを期待していた。私は単純に、そうすることができなかった。一日の時間は限られていた。したがって、スタッフは徐々に不満を持つようになった。なかには、私がすべてをコントロールしたいから管理職がいないのではないか、と疑う人たちもいた。

月曜の夜には、ミッションについて熱く議論する代わりに、内部の問題について口論するようになった。スタッフの服装に基準を設けるべきか、報酬体系はどうあるべきか、などだ。ティーチ・フォー・アメリカが早く成長し向上すべきだという私の思いを共有する人は、ほとんどいないようだった。否定的な空気に取り囲まれ、私は息苦しかった。コープ・メンバーを訓練し、支援するための新しいアイディアを私が提案するたびに、疲れきったスタッフは涙を流したり、目を白黒させたりして応じるのだった。

何とかしなければならない。いますぐに。私はスタッフ何人かとともに、チーム制の管理体制について検討しはじめた。

だが、それでは間に合わなかった。のちに「ウェンディ・コップの勝利」として知られるようになった二回目の夏の研修のあいだ、問題は見えにくくなっていた。スタッフ全員が、夏の研修のためロサンジェルスに集まっていた。そして私の知らないうちに、そのほぼ全員が、ティーチ・

フォー・アメリカの運営について議論する地下ミーティングにも集まっていたのだ。彼らは、最後通牒を出そうと決めた。それは、「組織のすべての決定を投票で行う。そうでなければ全員が辞める」というものだった。

スタッフがその計画を私に示した日、私はオフィスに（ロサンジェルス時間の）午前六時前に来ていた。東海岸の何百人という支援者に、緊急の資金要請について電話をし、ファックスを送るためだ。状況は最悪のところにまで達していた。二週間以内に三五万ドルが必要だった。その後の二週間で、さらに三五万ドル必要だった。そして、二カ月以内、九月の終わりまでに合計で一二〇万ドルが必要だった。その晩、私は疲れきって、五〇人のスタッフの話し合いの場の前に立っていた。彼らは、私に最後通牒を渡そうとしていた。

スタッフが提案について言い争っているあいだ、私はどうしたものかと頭を悩ませていた。スタッフ全員が、七〇〇〇人の新たなコープ・メンバーを残して、研修から去っていく様子を想像した。考えるのにも疲れ果て、私はミーティングが長引くのにまかせた。午後一〇時を少し過ぎたころ、リチャードが手を挙げ、状況を変えるべく質問をした。「ウェンディ、君は提案を受け入れないと言ったように思うんだけど、それでいいかな？」だが私はそこまで明確に決めることはできず、明日返事をすると言ってミーティングを一時中止とした。

数時間のあいだ自分の頭のなかで議論し、イアンとも話したあと、私はリチャードが言おうとしたとおりにすることを決めた。私は翌朝、組織の意思決定を投票では決めない、とした文書を書いた。

去る者はいなかった。だが、とても勝利と言える状況ではなかった。メンバーの不満は爆発寸前だったのだ。

## 逃げ道

一九九一年の夏、第二回養成研修の産みの苦しみの真っ最中、私はクリス・ホイットルが提案する活動についてのパンフレットを受け取った。ホイットルはホイットル・コミュニケーションズを創業した、メディア起業家だった。パンフレットでは、営利の学校運営組織をつくる計画が発表されていた。計画は壮大だった。ホイットルは短期間に一〇〇〇校を開校しようとしていた。

ホイットルは、現在の学校のあり方は理にかなっていないと論じていた。たとえば、成績のつけ方では、生徒の半分が平均以下となることを前提としている。自動車メーカーのなかで、製造する車の半分が欠陥車だと最初から考える企業があるだろうか。

ホイットルは、学校についてのまったく新しいコンセプトが必要だと考えていた。彼は「エジソン・プロジェクト」と名づけた活動で、この新たなコンセプトを開発しようとしていた。「マンハッタン・プロジェクト」〔第二次世界大戦中、最初の原子爆弾を開発するために行われたプロジェクト〕に引っ掛けた名前だが、トーマス・エジソンに敬意を示したものでもあった。エジソンは、ろうそくを改良するのではなく電球を発明した。同様にホイットルも、既存の学校をいじくり回すのではなく、新しいタイプの学校を作ろうとしていたのだ。

彼は、自身のアイディアについて意見を聞くために何十回も夕食会を開いていたが、私はそのうちの一つに招かれた。夕食会のあと、私は高揚した気分でオフィスに戻った。ホイットルは信念を持って、彼の大胆な提案を説明した。彼のチームも同じように熱意を持っていた。

ホイットルは、彼の会社の本部があるノックスビルで開かれる集中会議に、私を招待した。エジソン・プロジェクトについて、時間をかけて話し合うためだ。私はこのチャンスに飛びついた。会議には何百人もの熱心な支持者が集まっていることを予想して出かけていったのだが、会場となった趣のある小さなホテルには、私のほかに八人しかおらず、驚いた。三日間にわたり、このグループでエジソン・プロジェクトのアイディアについて議論した。

あとになって、この会議はホイットルが創業メンバーをリクルートするためのものだったとわかった。数週間後、私は就職の誘いを受けた。六人から一〇人のコア・チームの一員となり、ノックスビルで働く。基本給は一〇万ドルで、最初の何校かが開校したときには、コア・チーム全体に五〇〇万ドルが支給され（その均等割り額をもらえ）、さらにストック・オプションも供与される。ホイットトルの予想では、学校が開校して一〇年後には、そのストック・オプションの価値は五〇〇万ドルほどになるとのことだった。ほかにも、出張はファーストクラスで、車も貸与されるとあった。

これは魅力的だった。ワクワクする新たな冒険に参加できるチャンスだった。同時に、私をみじめな気分にさせているティーチ・フォー・アメリカから逃げ出す道でもあった。私は、自分が赤のオープンカー、ミアータ［二シーターのスポーツカー、マツダ・ロードスターのアメリカでの呼称］に乗って、ノックスビルのあたりをドライブしている様子を想像した。

だが、私が離れたら、ティーチ・フォー・アメリカは崩壊してしまうだろう。しばらくしてホイットトルが「どうするか」と聞いてきたとき、私は「ティーチ・フォー・アメリカを見捨てることはできない」と答えた。すると彼は私に、ホイットトル・コミュニケーションズの副会長であるニック・グローバーと会うことを勧めた。彼が問題をすべて解決してくれるだろう、と言って。

真の解決策

ほんとうに、ニック・グローバーは問題をすべて解決してくれた。

彼は三日間の連休のあいだ、ニューヨークのウォルドーフ・ホテルのスイートを借りた。私はそこに信頼できるスタッフを数名連れて行くことになっていた。私はイアンとダニエルとリチャードを選んだ。

私たちはあまりにも自分たちの問題に打ちのめされていて、ウォルドーフの美しさにも、この立派な重役との面会にも気後れする余裕がなかった。私たちはただニックのもとに飛び込んで、私たちの組織に広がる否定的な空気や不満について話した。ニックは、直感的に状況を理解したようだった。

「組織のバランスをとる必要がある」と彼は言った。イアンと私の二人が、プログラム全体を支える資金の調達をすべて行っており、一方で六〇人ほどのスタッフが、コープ・メンバーのリクルートと選抜、研修、サポートを行っているが、これではうまくいかない。そうニックは指摘した。彼は、資金調達の側面とプログラムの側面には同程度のエネルギーがいると説明し、組織の機能もこの二つの側面を等しく支えなければならないと言った。ニックが言おうとしていることを、私はすぐに把握できたが、その深遠なアドバイスの意味を完全に理解するまでには、それからさらに数年が必要だった。

次にニックが説明したのは、複数のリーダーを決めて、各リーダーがそれぞれに組織の主な部門の責任を持つようにしたら効果がある、ということだった。私が一人で組織のすべての戦略立案をするべきではないということを、ニックはそれとなく私たちに気づかせた。そうではなくて、私は信頼できる人たちを見つけ、権限を委譲するべきなのだ。献身的なリーダーが、担当する分野のプロジェクトを動かすだけでなく、目標を達成するための戦略の立案と実行までをも含む、完全な責任を持つようにするのだ。

ニックは、本部と各地のオフィスのあいだに生じていた「こちら側 対 あちら側」という雰囲気を和らげるよう、両者の関係を改善する方法も教えてくれた。彼の提案は、「本部にいるリーダー全員が、担当する分野の展開については、本部でも各地のオフィスでも責任を持つ」というものだった。これにより、各地のオフィスからの情報や関心が、本部の方針にも確実に反映されることになる。

そしてニックは、有効な意思決定方法を見つけるのにも力を貸してくれた。私たちは彼に月曜夜のミーティングについて話し、ミーティングに時間をかけているにもかかわらず、スタッフは疎外感を持っていることを伝えた。ニックは言った。

「二五人では意思決定はできないよ」。グループが大きすぎるのだ。「そのときたまたま、地方に行っているスタッフがいたらどうなる？」

たしかに、そうした人たちは参加できなかった。組織の構造や拡大、重要な人事、資源の配分などに関しては、コア・チームを決めて意思決定の責任を持たせるほうが効果的だろう。

ニックは、私たちがどこでまちがったか、どうすればそれを直せるかを理解させてくれた。ニックは起業家を理解して深く思いやり、起業家に自分自身とそのビジョンとのあいだにある障害を乗り越えさせることを、心から楽しんでいるようだった。

ニックのアドバイスに従って、私はダニエルにプログラム担当のバイス・プレジデントになってもらい、イアンには開発担当のバイス・プレジデントになってもらった。リチャードは、ニューヨーク地域オフィスのエグゼクティブ・ディレクターに留まることを希望した。ジョージアのエグゼクティブ・ディレクターであるジム・フィロソは本部に来て、人事と採用を担当することになった。私を含めたこの五人が、マネジメント・チームとなった。

二週間後の週末、私はマネジャー全員をアトランタでの会議に召集し、そこでニック・グローバーが、私たちの組織の新しいマネジメント体制を発表した。会議のあと、私は一一の地域オフィスを旋風のように五日間で回り、自分で新しい体制について説明した。

うまくいった。数週間のうちにティーチ・フォー・アメリカは、まるで別の組織のようになった。私が他の人に仕事を任せれば任せるほど、より多くのことが達成できるようになり、私の負担も減っていった。そしてスタッフは、前へと導いてくれるチームがあることがわかって、安心したようだった。

ニック・グローバーは、クリス・ホイットルが頼んだことを完璧に成し遂げたようだった。ニックはティーチ・フォー・アメリカをコントロール可能な組織にし、私からだれか別の人の手に渡っても大丈夫なようにしたのだ。

だがおそらく、ニックは完璧すぎたのだろう。私は自分の組織で以前より幸福を感じるようになった。すると次第に私は、ティーチ・フォー・アメリカを自らの手で発展させ、描いたとおりの大きなムーブメントにしていけると考えはじめたのだ。

西八〇番街にある騒がしいカフェ・ラロで、ダニエルとイアン、リチャードと私の四人は、私の将来について会議を開いた。エジソンに行くべきか、ティーチ・フォー・アメリカに残るべきか。続く二時間のあいだ、私たちはティーチ・フォー・アメリカの将来についての心踊るビジョンを肉付けしていった。私は残ることに決めた。

私はノックスビル行きのファーストクラスのチケットを持っていた。翌週月曜日に、ホイットルのコア・チームのメンバー七人と合流するためだ。苦しかった。ホイットルの申し出を断るのに、たいへんな罪悪感を覚えた。彼がティーチ・フォー・アメリカを再生してくれたのだから、なおさらだった。でも、ついに私はホイットルにファックスを送った。これで終わった。私は残るのだ。

ティーチ・フォー・アメリカ内部の問題は、確実にダメージをもたらした。私たちは二年目には七〇〇人のコープ・メンバーを採用しトレーニングしたが、三年目にはその数は五五〇人になった。だが、私たちはコープ・メンバーの選定とトレーニングの方法を改善した。継続的にサポートする体制も強化した。費用をまかなうための資金も調達した。そしてニック・グローバーのおかげで、私は可能性についての思いを取り戻した。彼が教えてくれたことを活かせば、何だってできる。私はそう思ったのだ。

ティーチ・フォー・アメリカのメンバーによる授業風景

DOLPHIN

remains always a child.
FINAL GOAL

of a scene
-through character
actions and interactions
Guide to Objective Mastery:
SPOTTERS:
Kristal

COMING
SOON

※ティーチ・フォー・アメリカのウェブサイトにも多数の写真が掲載されており活動の様子を見ることができます。
http://www.teachforamerica.org/

写真提供：ティーチ・フォー・アメリカ
Photo © Teach For America

著者。オフィス入口にて。

## 04

# 新しいアイディア

New Ideas

大学卒業後の最初の夏、ティーチ・フォー・アメリカを売り込む旅のあいだに、私はシティ・イヤーの共同創業者であるマイケル・ブラウンと長い時間話した。

マイケルは、もっとも大切なのは「ノーと言うこと」を忘れないことだと話した。行く手には、資金提供者やスタッフや教育者など多くの人がいて、ティーチ・フォー・アメリカに本来のものとは別のミッションを遂行させようとするかもしれない。彼によれば、私ができるもっとも大切なことは、自分のミッションを覚えていて、それにこだわることだった。

私は他人のアイディアについて検討する場合に、彼のアドバイスを思い出した。だから、私があるアイディアに熱中してトラブルを抱え込んだのは、私自身の責任だ。

ティーチ・フォー・アメリカのプログラムに関する課題で、忙しくないわけではなかった。実際、コープ・メンバーがどうすればもっと力を出せるか、スタッフと一緒に考えていた。選考の方法をどのように改善すれば、非常にむずかしい教職という仕事で、優れた実績を出せるメンバーをそろえられるのか。養成研修でどのようなツールを提供すれば、コープ・メンバーが単に仕事を続けるだけでなく、成功することができるのか。サポート・ディレクターが具体的に何をすれば、育成面で最高のものを提供することができるのか。士気を高めるために、ほかに何かすべきことはあるか。コープ・メンバーが生徒や地域社会とオープンにかつ思いやりをもって接するために、私たちは何ができるか。私はこうした課題に埋もれていた。頭を使うべきことは十分すぎるほどあった。

にもかかわらず、ティーチ・フォー・アメリカを始めてわずか一年で、私は、教育をよくするためにほかに何かできないだろうか、と考えるようになった。ティーチ・フォー・アメリカは、毎年五〇〇人ほどの新しい教師を着任させる。一方で、学校側は毎年二〇万人の教師を新たに採用する。ティーチ・フォー・アメリカがその規模を三倍か四倍にしたところで、新任の教師全体からすれば、わずかな割合でしかない。そのとき私は思いついた。私たちが取り組んでいること、つまり優秀な人々を教職に就かせるということを、学校側でもできるように手を貸したらどうかと。私たちがやっているのは、ロケット工学のようなむずかしいことではない。優秀な人たちを積極的に探して、気のきいたメッセージを送って応募させ、模範となるような性格の人を選び出し、訓練してサポートする。学校側でも同じことができるはずだ。

だが、学校側はそうはしていなかった。学区の担当者は教師の発掘を教育学部に頼り、自分から教職に応募してきた教育学部生のなかから選ぶだけだ。この方法でもいいだろう。ただ、教育学部は学区のニーズを満たすほどには、聡明で多様な教員志望者を供給していなかった。そこで学区によっては、教員免許を持たない人でも教えられるよう「別ルート」をつくり出すところもあった。だがこうしたプログラムは、真に優れた人々を引き付けるような、強力なリクルート戦略を備えていなかった。

学区は、教育を専攻した人のなかでももっとも有能な人たちを探すべきだ。さらに、学区の基準を満たす人々を見つけるためには、教育学部の外からも広く採用するべきだ。私はこう考え、学区の内部にまったく新しい考え方――公立校は優秀な人材を求めて、他の業界と争うべきだという考え方――を根付かせることを思い描いた。そして、この考え方をベースに、人材を探しマーケティングする能力も育てるのだ。

インナーシティや地方にある学区は、採用活動に積極的でない場合が多く、応募者のなかから選抜するプロセスもあまり確固たるものではなかった。私はニューヨーク市の選抜プロセスについて、自分がそのプロセスをくぐりぬけたことから、実体験として知っていた。私たちスタッフは、教職の臨時免許に応募した。コープ・メンバーの代講ができるようになるのが目的で、それを通じて彼らと生徒が毎日どんなことを経験しているのか、よりよく理解しようとしたのだ。

選抜プロセスは、臨時教員でも他の新任教員でも同じだったが、物足りない点が多かった。まず、部屋いっぱいの応募者が、一ページの小論文を書くよう求められた。試験官は、「中身ではなくて形が重要だ」と念を押した。つまり、「i」に点を打ち、「t」に横線を引いていれば大丈夫ということだ。次に私は「面接」を受けた。恰幅のいい白髪頭の非常に親切な男性が、五分間私を面接した。彼が求めていた答えを、明らかに私は言わなかったが、彼は「いいでしょう」と言って含み笑いを浮かべ、面接は終わった。

学区が新任教員の育成にあまりお金をかけていないこともわかっていた。コープ・メンバーは、全般的なオリエンテーションと、校長の訪問を受けられれば幸運なほうで、学校や学区のミッションについて詳しい説明を受けることはなかった。また、有能な教師になるためのスキルを磨くうえで、十分なサポートを受けることはまずなかった。

学区がもっと成果を上げたいのなら、この状況は変えなければならない。他の業界では、ある程度の組織であれば、スタッフや管理職のリクルートと選抜、教育、育成に非常に多くのエネルギーと資源を使っている。なぜなら、組織の目標を達成するもっとも確実な方法は、どのレベルにも優れた人々を配置することだとわかっているからだ（この点に関しては、ティーチ・フォー・アメリカの組織内部の問題を解決する際に、私自身も確信を強めた）。学区長がこの問題を最優先事項とすれば、その地域の学校をわずか数年で改革できる。私はそう考えるようになった。雇われた教師たちはすぐさま学業成績を向上させるだろう。三年から五年ほどで校長になれる人も出てくるかもしれない。

学区の状況を間近で見てきて、私はこう思った。

「学区をサポートして、新任の先生のリクルートと選抜、教育、トレーニングについて、有効な方法を一緒に開発するような組織を立ち上げたらどうだろう」

リチャードやイアンらとともに、私は「ＴＥＡＣＨ！」と名づけた組織を構想しはじめた。私はすぐにこの計画に夢中になった。どんどん熱中していくのを、止めることはできなかった。

しかし同時に、たとえＴＥＡＣＨ！ができたとしても、現在不利な状況にある生徒が抱える問題をすべて解決することはできない、と私は思った。教師たちが現在の学校という枠組みのなかで仕事をしている限り、生徒たちから真の可能性を引き出せるとは言えないのだ。クリス・ホイットルが言ったように、学校に関する新しいコンセプトが必要なのだ。

私たちマネジメント・チームは、もう一つ別のアイディアについても考えるようになった。学校を支配している規制に縛られずに、夏季プログラムを運営することだ。夏季プログラムでは、学校がほんとうはどうあるべきかを、枠にとらわれずに考えられる。このプログラムが成果を上げれば、子供の親たちは一年を通してプログラムを運営してほしいと言うようになるだろう。最終的には、国じゅうに何百校も革新的な学校を展開することができるかもしれない。

私たちはこの試みを「ラーニング・プロジェクト」と名づけた。

05

# 暗黒の年月

The Dark Years

新しいアイディアを思い描いているあいだに、ティーチ・フォー・アメリカは壁にぶつかっていた。

営利企業の世界では、ベンチャー企業が創業期を経てさらに先の段階に進むために、「マチネ（中期）」と呼ばれる資金をベンチャーキャピタルが提供する。私たちの場合、創業時の資金は企業や財団から確保することができたが、非営利団体の世界ではマチネのような資金は存在しなかった。そのため、四年目になると、以前受け取っていたさまざまな助成金が次第に受けられなくなり、他の資金源も見つからなかった。もっとも、こうした企業や財団から二度と助成が受けられないということではなく、彼らが重視する分野の特別なプロジェクトについては、資金が提供された。ただ、私たちのコアとなる活動には、資金を出してもらえなかった。

同時期に、いくつかの財団が資金の提供先を別のプログラムに変えることを決めた。残った財団も、コープ・メンバーに対するトレーニングとサポートの効果を疑問視していた。私たちは育成プログラムの効果を上げようと努力してきたが、まだまだやるべきことはあった。そのことはわかっていたので、サポート・ディレクターの採用を増やし、予算も増やしていた。しかし、この問題の背後には、学区の新任教師採用に関する、もっと大きな問題があるのではないか、とも感じていた。コープ・メンバー以外の新任教師も、効果的なトレーニングやサポートを受けていなかったのだ。

もう一つ私が知ったのは、資金提供をする人々のあいだで、「システミック」な活動への関心が高まっているということだった。「あなたの計画では、システミックな効果としては何がありますか」と、彼らは聞くのだ。当初は「システミック」という言葉が実際何を意味するのか、よくわからなかった。だが、つまりは根本的で、広範で、長期的な変化を起こすようなプログラムのことを指しているのだと推測した。システミックかどうか、たとえばコープ・メンバーが生涯を通じて教育に関わりつづけるかは、まだわからなかった。また、ティーチ・フォー・アメリカが将来のリーダーたちを育てているからといって、それが長期的な教育改革に不可欠なものと見なされるかも、わからなかった。

その点、新たに思い描いていたＴＥＡＣＨ！は、教師の質という問題への答えとなるだけでなく、こうした資金提供者たちの要望にも応えるものだった。ＴＥＡＣＨ！は新しいプログラムだった。

ＴＥＡＣＨ！は質の高い教師育成プログラムをつくり出し、それはティーチ・フォー・アメリカのメンバーだけでなく、他の新任教師にも効果をもたらすだろう。確実にシステミックだ。

そこで私たちマネジメント・チームは、次のようなプランを作った。各地にＴＥＡＣＨ！の組織をつくり、学区のために教師をリクルートし、選抜し、トレーニングし、サポートする。学区はこのサービスに対して対価を支払う。つまり、私たちのアプローチに対して投資をすることとなり、変化は実際にシステミックなものとなる。私たちは、二年間に全国各地で二五の契約を結ぶという、大きな活動を構想した。最終的には、ＴＥＡＣＨ！は契約により収入を得ることになるので、資金が必要なのは創業時の数年間だけだ。

私たちは、ティーチ・フォー・アメリカのトレーニングとサポートのモデルを完成させる仕事を、ＴＥＡＣＨ！に委ねるよう計画した。ＴＥＡＣＨ！はいずれ、そのモデルをもっと広範に活用する。こうすれば、ティーチ・フォー・アメリカは、その核となる活動に集中できる。つまり、コープ・メンバーをリクルートし、地域ごとの集会やニューズレターなどを通じて結束させるという活動だ。そしてＴＥＡＣＨ！が、新任教師の育成方法を改革するというミッションに取り組む。ＴＥＡＣＨ！はティーチ・フォー・アメリカのコープ・メンバーをトレーニングしサポートすることにより、教師育成のプログラムの効果をテストし、学区や州政府にそれを示すことができる。その第一歩として、ティーチ・フォー・アメリカのスタッフを何人かＴＥＡＣＨ！に異動させ、プログラムを運営する基礎を築き、それを国じゅうの学区に売り込む体制を整える。この計画で、ティーチ・フォー・アメリカのコストは減少し、一方でコープ・メンバーに対しては、より強力な育成プログラムを提供できるようになる。

数年前にティーチ・フォー・アメリカを立ち上げたときと同じように、私は活動資金を確保する前にＴＥＡＣＨ！を立ち上げた。財団や企業がティーチ・フォー・アメリカに何百万ドルもの資金を投じたように、この新しい活動にも数百万ドルを投じてくれるだろうと確信していたのだ。ＴＥＡＣＨ！は、財団や企業がまさに求めていたものだと思われた。また、よりよい学校のモデルを開発するため「ラーニング・プロジェクト」も開始した。これは少人数のチームで費用もあまりかからなかったため、私たちの通常の予算から支出することを決めた。

私はダン・ポーターをティーチ・フォー・アメリカの代表に任命した。ダンはプリンストン大学の卒業生で、ブルックリンで一年間教えたあと、初年度にティーチ・フォー・アメリカのスタッフになった。リチャードがＴＥＡＣＨ！の代表に、ダニエルがラーニング・プロジェクトの代表になった。私は統括組織であるＴＦＡの代表となり、三つの組織を監督することにした。これはとてもよい計画だと思った。この新しい体制で私たちの影響力も大きくなり、資金の問題も解決するはずだ。
ただ一つ問題だったのは、私たちの資金提供者が、そのようには考えなかったことだ。

## 潮目が変わる

著書の『ニュー・ニュー・シング』〔日本経済新聞社〕で、マイケル・ルイスは有名な起業家のジム・クラークのストーリーを通じて、インターネット時代の本質をとらえた。クラークはネットスケープとヘルシオンの創業者で、「ニュー・ニュー・シング」を考え出すことに時間を費やした。つまり、最新のアイディアよりもさらに大きく、さらによいアイディアだ。彼はアイディア製造機のようだった。この時期、ベンチャー・キャピタリストたちはジム・クラークのような起業家、つまりそれまでに成功した実績がある起業家からの提案に資金を提供しようと躍起になっていた。新たな提案がリスキーでも、可能性が低そうでもかまわなかった。大胆なほどよかった。実験でもよいと思われた。若さは資産だった。しかし、一九九三年の教育分野では、そうはいかなかった。

このころ、企業のＣＥＯや財団のトップへのアプローチは、以前よりもむずかしくなっていた。彼らの組織は、教育への資金提供のガイドラインをしっかりと固め、重役たちはスタッフが担当するプロセスに介入したがらなくなっていた。そこで私は、カーネギー・コーポレーションやリリー・エンドーメント、ケロッグ財団といった大規模慈善財団のプログラム担当者や、大企業のなかの財団や助成金担当部門の代表者たちに働きかけ、資金提供を求めた。

出会った担当者たちの多くが、疑念を抱いた。私がいったい何者なのか、彼らは知らなかった。ある大手財団のトップは、ある教育会議の席で隣り合わせたとき、私にこうたずねた。

「後ろ盾になっているのはだれですか。責任者はだれですか」

私がその責任者だと説明すると、こう言った。

「いやいや、そうではなくて、動かしているのはだれなのか、ということです。理事会のトップはだれですか」

私たちを以前から支援してくれていた人たちは、混乱していた。ティーチ・フォー・アメリカとTEACH!の関係がよくわからなかったのだ。彼らは、私たちが多くのことをやりすぎると考えた。学区に代わって教師をリクルートして訓練するために、なぜまったく新しい組織が必要なのかもわからなかった。変化が起こるように、ロビー活動をするほうが簡単ではないか？　それに、教育学部に働きかけずに、どうやって教師の質に変革を起こすことができるのか？　結局のところ、全国の教師の大多数が、教育学部出身なのだから。

私の考えでは、こうした意見は的はずれだった。教育学部が重要ではないと思ったのではない。ただ、学校組織が自身のスタッフの採用と育成に投資しないで、うまく機能するとは考えられなかっただけだ。それに、私たちの戦略により、教育学部も変わろうとするのではないかとも思った。そうしなければ、学校組織が教育学部生を雇用しなくなるからだ。

だが、私が戦っていたのは負け戦だった。ある財団では、プログラム担当者が私の関心を他の活動に向けさせようと、心の底からの親切心でこうアドバイスしてくれた。

「ウェンディ、この財団は既存の体制が自らを改革しようとするときに資金を提供するのです」

それでも、私たちはTEACH!の売り込みで、ある程度の成果をあげた。マッカーサー財団のアデル・シモンズは、私たちのアイディアが非常に強力なものだと考え、全国の財団の会議を主催し、出席することに同意してくれた。ナイト財団のプログラム担当者のリック・ラブのおかげで、同財団は二年間で一〇〇万ドルの提供を申し出てくれた。ウォルトン財団とルース財団も、相当の額を約束してくれた。全部合わせて、二年間でTEACH!の資金として三〇〇万ドルを調達することができた。だが、それでも足りなかった。TFAは四年度に必要な資金を集めることができなかった。私たちが調達したのは七八〇万ドルで、支出に対して六〇万ドル足りなかった。

資金の確保には難航していたが、TEACH!は実現しはじめていた。基礎固めの重要なステップとして、諮問委員会を結成した。そのメンバーには教育界の重鎮が名を連ねていた。たとえば、米国教員連盟の代表であるアル・シャンカー。州レベルでの根本的な変革を呼びかけていたビジネス円卓会議の当時の代表、デビッド・ホーンベック。資金の豊富なニュー・アメリカン・スクール・ディベロップメント・コーポレーションを率いていたジョン・アンダーソン。教育の平等を提唱し尊敬を集めていたカティ・ヘイコック。

リチャードは、ニューヨーク市の公立学校運営組織の代表を引退したジョー・フェルナンデスを雇った。学校の校長たちとのミーティングを設定するためだ。リチャードは二五回ほど、さまざまな校長とのミーティングに出席した。校長のほとんどが、快く提案を受け入れてくれた。聡明な人を採用することが成功のカギだと考え、いいアイディアだと思ってくれたのだ。次の課題は、校長たちにそのための投資を決めさせ、契約書の点線部分にサインをしてもらうことだった。

教師育成モデルを強化するために、TEACH!は二五人のコープ・メンバーに対して一人の割合で、サポート・ディレクターとなるスタッフを採用していった。そしてこの方式は、ノースカロライナ州の農村部とボルチモア、オークランド、カリフォルニア州コンプトンで、教員認定証を得るための代替ルートとなることを認められた。これが、学区向けに州公認のプログラムを運営する最初のステップとなった。

集まった助成金の額は希望していた金額には到達しなかったが、私はもはやＴＥＡＣＨ！をあきらめることは考えなかった。すでに多くの人が投資をしていた。資金提供者やスタッフをがっかりさせたくはなかった。それに、ＴＥＡＣＨ！は新たな人材を教師という仕事に就かせるうえで、強力なインパクトを与えられると確信していた。私はＴＥＡＣＨ！の予算を減額して、続行することを決めた。そのため、ティーチ・フォー・アメリカがコープ・メンバーの育成コストをカバーしなければならなくなった。もしＴＥＡＣＨ！がうまくいかなかったら、別の方法を見つけなければならない。

## 綱渡りの日々

私たちは、一九九三年の夏の養成研修の会場を貸してもらったＵＣＬＡ［カリフォルニア大学ロサンジェルス校］に、六〇万ドルの借金があった。破産をせずに事業を継続させる唯一の方法が、この返済を遅らせることだった。この借金のことは頭から離れなかったが、もっと気にかかっていたのが二週間ごとに二〇万ドルの賃金を用意しなければならないことだった。すでに財政的に苦労しているスタッフに、いつか賃金を支払えない日が来るのでは、と恐れていた。このころ、私たちの給料は全員が五万ドル以下で、ほとんどの人は二万五〇〇〇ドル近辺だった（ニック・グローバーは、この純粋に平等主義的な報酬体系を変えるよう助言した）。仮に賃金が支払えないと、スタッフは家賃や食費の支払いにも困るだろう。そんな事態だけは起こすわけにいかない。恐怖心が、私を前に動かしていた。

二週間ごとに、私たちは二〇万ドルが支払えないギリギリの状態まで達した。緊張感が私の胸のなかで塊となってつかえた。少ししか眠らず、これまでの生涯でいちばん懸命に働いた。資金提供をしてくれそうな人と話すために、平日の一分一秒を最大化しようと努力した。

一九九三年の一〇月半ば、五年目に入った最初の月に、私は親しくしていた資金提供者たちに電話をして、ふたたび私たちの悲惨な状況について説明した。次の週には完全に資金が足りなくなることがわかっており、お金が入る見込みもなかった。私が電話をした人たちは互いに話をして、次のような結論を伝えてきた。

（1）プロのファンドレイザー（資金を調達する人）を雇うこと。

（2）三年間のビジネスプランを作成すること。

（3）投資銀行家のマイケル・ミルケンにアプローチすること（マイケル・ミルケンはジャンク債で資金調達に革命を起こし、その後証券業界を追われた）。彼は教育改革に何百万ドルをも提供しているという噂だった。

ファンドレイザーや三年間のビジネスプランを用意しても、来週の賃金の支払いに間に合わないことはわかっていた。そこで私は、マイケル・ミルケン案にフォーカスした。問題の緊急性を考えると、それが現実的だろうと考えたのだ。

私はそのとき偶然ロサンジェルスにおり、ミルケン氏もＵＣＬＡのビジネススクールで教えていると聞いた。何があろうと、彼に会わなければ。

ミルケンのクラスの入り口にいた警備員の前を通り抜け――私は学生だと思われたにちがいない――、小さな教室の後ろのほうの空いていた席にすべり込んだ。エネルギーと気迫をにじませながら、ミルケンが入ってきた。その過去についていろいろ言われているのは知っていた。しかし彼は確実に、世界をより良くしようとする、情熱的で先見の明のある人に思えた。ミルケンは講義のなかで、地域社会に貢献するビジネスが強いビジネスであることを、時間を割いて強調していた。

三時間のエネルギーに満ちたショーが終わると、私は彼に近づいて自己紹介した。ミルケンは私のことを知っており、私と話がしたいと思っていたと言った！　彼も私も、翌日は東海岸に向かう予定だった。ミルケンは私に、自家用飛行機に一緒に乗って帰らないかと言ってくれた。言うまでもなく、通常はそんな交通手段はとらないが、私は彼の申し出を受け入れた。

半分は恐かったが（ロサンジェルスからニューヨークまでの長い道のりで、この人とどう会話すればいいのだろう）、半分は有頂天になりながら（資金を得られるにちがいない）、私は空港に行き搭乗を待った。ミルケン氏の妻と息子、妹とその夫、二人の甥っ子も一緒で、やはり搭乗を待っていた。彼らは私に、ミルケン氏は遅れて来るだろうと言った。いつも遅れるのだという。彼がようやく現れ、私たちは全員、豪華なインテリアが施された小さな飛行機に乗り込んだ。

三時間半のあいだ、私は一心不乱にマイケル・ミルケンと話した。彼は私に、ティーチ・フォー・アメリカには非常に感銘を受けたと言い、私がそれに取り組み、たった四年間で世界のどれだけを見てきたかを思うと、非常に興味深いと言った。ミルケンは「チェンジ・エージェント」――歴史の流れを変えようとした人々――について、一時間の講義をした（彼の説では、その全員が殺された）。次の一時間では、教育改革の考え方について意見を交換した。そして私は、一〇〇万ドルをお願いした。

飛行機が着陸する前に約束を得ようと、私はくり返し頼んだ。ティーチ・フォー・アメリカにとって一〇〇万ドルは、生きるか死ぬかほどの違いをもたらす。私はそう彼に言った。一〇〇万ドルは彼にとっては小さな額だが、私たちにとってはとても大きな違いが出る。私は何度も何度もくり返した。彼は非常に好意的だった。自分としては助けたいが、何人かと話してみなければ約束はできないとのことだった。彼は月曜日に電話をすると約束してくれた。私たちはフィラデルフィアに着陸し、私は彼のリムジンで駅まで送ってもらった。

午前一時半の電車に乗り、ニューヨークの自宅に向かった。私は信じがたいほど高揚していた。あの億万長者がお金を出してくれるだろうと、確信していたのだ。彼にとって、一〇〇万ドルが何だというのだ。

私の認識が足りなかったのは、ミルケン氏が自身の財団の教育プログラムの担当者にアドバイスを受けて判断を下していたことだ。残念ながら、その担当者はティーチ・フォー・アメリカが好きではなかった。私は以前に何回か、何時間にもわたってその担当者と議論したことがあり、そのことはわかっていた。何度も電話をかけてファックスも送ったが、マイケル・ミルケンとふたたび話すことはなかった。

それでもなんとか、ミルケン氏の助けがなくても、賃金の支払いに必要な額を集めた。請求書の支払いを遅らせ、国や地域で資金提供の約束を得たところからは、可能な限り早期にキャッシュを集めた。私たちは次の二週間も生き延びた。その次の二週間も。またその次も。

だが、財政面での危機的な状況は、財団や慈善家のあいだでの私たちの信用力を低下させる一方だった。
一九九三年一二月、私たちの計画への信頼を強めてもらおうと、主な資金提供者を集めて説明を行った。彼らは短い文書でこうアドバイスした。経験豊かなビジネス・マネジャーかCOO（最高執行責任者）を雇うこと。外部の経営団体の力を借りて、長期的なビジネスプランをつくること。経験豊かな開発担当ディレクターを雇い、全国および地方の資金調達活動をコーディネートさせること。彼らはまた、TEACH！を大規模な全国的展開ではなく、試験的なプログラムとして始めることを提案した。

私は、この危機の最中にCOOになろうという人はいないのではと危惧した。状況はあまりにも手に負えず、何をやっているのか私しかわかっていないような状態だった。それに、私たちはすでに長期計画を立てていた。思えばティーチ・フォー・アメリカの二年目の段階で、すでに企業や財団の支援者たちは、助成金なしで長期的に持続するための方法を見出すべきだとイアンと私に助言していた。

頼りになる継続的な資金源を求めて、私たちはワシントンDCへ行き、国からの資金が得られるかどうか調べた。国からの支援は得られそうになかったので、教育関連企業とのあいだで、相互にメリットがあり収入が得られるような関係が築けないかと模索した。あるいは、TEACH！がいつの日か私たちのプログラムの資金を稼ぎ出すのでは、とも考えた。

他の可能性も検討したが、却下した。コープ・メンバーにはお金の支払いを求めたくなかった。私たちの原則の一つは、投資銀行のリクルートと同じくらい積極的に、ティーチ・フォー・アメリカに教師をリクルートするということだった。それなのに、支払いを求めることができるだろうか。そうすると、多様な社会経済的バックグラウンドを持つ大学四年生をリクルートするという方針も、機能しなくなってしまう。

学区にお金を払ってもらうことも考えなかった。支払いに同意してくれる学区もあるかもしれない。でも、たいていの学区は、政治的な問題や資金不足に悩まされている。教育委員会にそんな提案を通すことは不可能だろう。また、そのような状況を各地で覆すような力を、私たちが持っているとも思えなかった。私たちがミッションを実現するには、それぞれの学区の支払い能力や支払いへの意向に関係なく、ともに仕事を進めていく必要がある。

最終的に私たちは、有望に思えた一つの戦略に照準を合わせた。私たちがコープ・メンバーを派遣している地域で個人からの寄付を集めることだ。これは理にかなっていると思われた。私たちのインパクトがもっとも身近に感じられる地域社会で、その地域の支援者にサポートしてもらうのだ。

私たちは、各地で資金を集める体制を作ろうと動きはじめた。しかし、イアンと私は賃金の支払いを間に合わせるのに必死で、そちらを優先していた。それに、各地で委員会をつくったり、地域の資金提供者と関係を築いたりするには時間が必要だ。それまでの解決策が、何か必要だった。

プロのファンドレイザーを雇うというアイディアには、反対ではなかった。だが、いい人が見つからなかった。私が接触した資金調達の専門家たちは、分厚い名刺ホルダーは見せてくれなかった。代わりに、私たちがすでに築いている関係をいかに活用するか、また今後新たな関係を築いていくための内部的なインフラをどうつくりあげるか、アドバイスしてくれただけだった。しかし、従来からの資金提供者にはもう歓迎されなかったし、長期的な資金調達の体制を整えている時間もなかった。すぐにお金が必要だった。

私たちの状況は独特なもので、どうやってここまでやってきたか、理解できる専門家はほとんどいなかった。当時、私たちのような「K－12〔幼稚園から一二年生＝高校三年生まで〕」を対象とした教育団体は少数だった。そして、他のK－12団体は大きな社会的影響力を持つリーダーが率いていた。『クロニクル・オブ・フィランソロピー』紙〔非営利団体の活動について報じる新聞〕が一九九三年に掲載した、「財団助成金取得団体トップ一〇」では、ティーチ・フォー・アメリカが小中学校教育の分野で第三位だったが、上位二団体のうち一つは、ニューヨーク市の公立学校のための基金で、そのメンバーにはニューヨークのビジネス界、慈善団体、教育界のリーダーが名を連ねていた。

もう一つが全米教育基準委員会で、六三人で構成する委員会には、全国的に有名で尊敬を集める教育者たちだけでなく、知事や企業のトップなどが所属していた。

より長期的な視点で見てみると、私たちにはそれほどの資金は必要ではなかった。だが資金提供者たちは、私たちにまったくお金がないのを見て、「今後継続できるか心配なので資金は提供できない」と言った。ある財団は、私たちが前年度赤字だったために、提案書を見ようともしなかった。

このままでは、彼らが予想した状況が実現してしまう。

## 私がしつこく粘った理由

月を追うごとに、状況はひどくなっていった。私の時間はすべて、二週間ごとに賃金を支払うための二〇万ドルの調達に向けられた。

それは奇妙な状況だった。私はニューヨークで、毎朝目を覚ましては、必要な資金を調達できないのではと怯えている。一方で、一〇〇〇人のティーチ・フォー・アメリカのコープ・メンバーが指導に取り組んでいる。毎日毎日、彼らは私たちが派遣した一三の地域のどこかで働いている。テキサス州のリオグランデやオークランドやボルチモアで、彼らは子供たちの可能性を引き出そうと奮闘している。彼らは心を込めて教え、ティーチ・フォー・アメリカのミッションを体現している。ティーチ・フォー・アメリカがいまにも破綻しそうだとは気づかずに。

このころ、私が教室をもっと訪問すれば、私たちのプログラムや組織を導くのにも役立ったことだろう。だが、資金提供者に電話をかけられる時間に、教室訪問に時間を費やすことを私はどうしても正当化できなかった。

だから私は、ティーチ・フォー・アメリカが、私が描いたとおりに展開されていると信じ込むことにした。そして、コープ・メンバーが地道に仕事をしているのと同様に、私は一つひとつの可能性にしつこく取り組んだ。たとえ、あらゆる状況から、まったく望みがないとわかっていても。そこから、おかしなエピソードも生まれた。

ある財団からは、四年連続で拒否されつづけていた。それでも私は提案書を送りつづけ、三カ月おきぐらいに勇気を出してプログラム担当者に電話をし、どんな様子かたずねた。彼女が会ってくれるときはいつでも、ティーチ・フォー・アメリカとTEACH！のミッションを売り込んだ。とくにストレスの多かった時期に、私たちはまた会うことにした。今度こそはと思いながら、私は面会に備えた。

プログラム担当者は、リクルーティング・ニュー・ティーチャーズという、別の団体の資料を持って現れた。彼女は私が言ったことすべてを、その団体からの手紙の空白部分に、鉛筆を使ってごく小さな文字で書いていった。彼女がなぜそうしているのかはわからなかったが、話は理解しているようだったので、私は話しつづけた。五〇分ほど経ったころだろうか、彼女はどうやら間違いに気づいたようだった。私はかまわず話しつづけ、一方で彼女は約一五分かけて、一ページ分のメモを消しゴムで一生懸命に消した。私は笑うべきか泣くべきか、わからなかった。

その後電話をすると、彼女はわけを話してくれた。信じられないほどの仕事を抱えていたのだ。

「ウェンディ、あなたの団体やリクルーティング・ニュー・ティーチャーズや、他の団体が一緒になって、まとめて一つ提案を出したらどう?」と、彼女は言った。「いろいろな候補のなかから決めるのは、むずかしすぎるわ」

結局、彼女は根負けしたのだろう。一年後のある日、その財団が二年間で一五万ドルを提供するという電話をもらった。

また、資金提供者が守り神のように動いてくれたこともあった。そのなかでも驚いたのは、一九九四年の春にリー・ウォルコットから受けた支援だ。彼はアーマンソン財団で教育プログラムを監督していた。私はウォルコット氏に、二五万ドルの助成金を更新してくれるよう、通常よりも早く頼んだ。彼は同意してくれた。同財団の委員会で承認を受ける日、私はまた電話をした。今度は、承認されたら助成金を私たちの口座に直接送金してもらえないかと、たずねるためだった。そのお金があれば、翌日の賃金支払いができるのだ。彼はこの綱渡りの計画には触れずに、何ができるか考えてみると言った。

のちに分かったことだが、アーマンソン財団が多くの助成金の規模を縮小している時期だったにもかかわらず、彼は「ティーチ・フォー・アメリカが財政的に苦しい状態にあるのだから、要請よりも多い金額を与えるべきだ」と主張してくれたのだ。翌日、ウォルコット氏は電話で、口座に三五万ドルを送金すると言った。この助成金がなかったら、ティーチ・フォー・アメリカは、この困難な時期を生き延びられなかっただろう。

## ワシントンからの援助

賃金の支払いから次の賃金の支払いへと、どうにか進んでいるあいだ、私は資金の問題を緩和するため、政府からの助成金を手に入れようと試みていた。

小中学校教育法は、低所得地域でのK－12への教育を強化することを目的とした法律だ。そこから予算を手に入れるのは筋が通っているではないかと、私は考えた。全国的なティーチャー・

コープを、連邦政府が支援しないということがあるだろうか。政府はピース・コープに、年間一億九四〇〇万ドル（コープ・メンバー一人あたり三万ドル）も投じている。私たちが求めているのはわずか数百万ドル、コープ・メンバー一人あたり四〇〇〇ドルだ。それがあれば予算全体の半分がカバーできる。

面会した政府の担当者には、私の理屈は響かなかったようだ。代わりに彼らは、サービス・コープ（奉仕活動部隊）を立ち上げるという、新任のクリントン大統領の計画に加わってみたらどうかと提案した。そこで私は、ティーチ・フォー・アメリカのような組織が資金提供を受けられるような形で法案が形成されるよう、政府当局に働きかけはじめた。

クリントンが当初描いていたのは、能力のある人が低所得地域で、弁護士や警官や教師として働くような組織だった。だが政府が準備していた案は、ユース（若者）・コープをめざしていた。これは、大学卒の人もそうでない人も両方を含め、家庭教師や清掃などの奉仕活動をする若い人々を集めるというものだ。この方式では、コープ・メンバーは小額の給費に加えて、過去および将来の教育支出にあてられる、五〇〇〇ドルの「奨学金」を受け取る。

私はこの案に、プロフェッショナル（職業人）・コープの形も含めるよう仕向けた。つまり、優秀な大学卒業生が、給与をもらって低所得地域の緊急のニーズに応えるという形だ。たとえば、医療や法の執行、就学前教育、あるいは建築などの分野では、少し調整すればティーチ・フォー・アメリカをモデルとして使えるのではないかと思った。プロフェッショナル・コープは、国の奉仕活動には不可欠なのではないか？　それがあれば、ユース・コープへの参加は検討しないような人も、魅力を感じるかもしれない。それに、公共サービスの分野で立派なキャリアを形成できることを、若い人に示すこともできる。加えて、ティーチ・フォー・アメリカが教育分野で生み出すような、短期的・長期的インパクトを、プロフェッショナル・コープは他の分野で生み出せるのではないかとも考えた。

一九九四年に、法案が通過した。それによって、コーポレーション・フォー・ナショナル・サービスが設立された。官民共同の機関で、非営利団体のプログラムのなかから「アメリコープ・プログラム」として認定するプログラムを決め、資金を提供する団体だ。制定された法律によれば、プロフェッショナル・コープもこの対象となる。

合計四〇〇〇万ドルが、奉仕活動のコープを運営するさまざまな組織に配布されようとしていた（地方でコープを運営する組織には、別に数百万ドルが用意された）。

さあ今度は、ティーチ・フォー・アメリカにお金を出してくれるよう、コーポレーションを説得する番だ。私たちはしっかりと応募書類を書き、二〇〇〇万ドルを超える額を希望しないようにとの指示にも従った。

私たちの応募内容は強力だと、コーポレーションの人々は言ってくれた。しかし、私たちの財政面での安定性には懸念が示された。二〇〇万ドルの助成金があったとしても、合計で八〇〇万ドルの運営費は手に入れられないのではと、彼らは心配したのだ。私はふと、ほんとうに私たちの財政的安定性が心配なのであれば、たとえば三〇〇万ドル提供してくれてもいいのではないか、と思った。そうすると、コープ・メンバー一人あたり三〇〇〇ドルの予算になる。だが同時に、彼らが資金の大半を、既存のプログラムではなく新しいプログラムに提供しようとしていることもわかっていた。

私は何時間も電話で話したり、直接会ったりして、コーポレーションの幹部を説得し、助成金を得ようとした。すると、コーポレーションのCFOは、農務省の貸付担当の財務ディレクターを私たちのもとへ派遣することで、一気に決着をつけることを決めた。

私は心底おびえた。その人は二日間滞在し、私たちがアメリコープの二〇〇万ドルにふさわしい価値があるかどうか、意見書を出すのだ。このころ出会ったすべての人が、私たちの状況に批判的なように思われた。農務省のディレクターが例外だということがあるだろうか？

そう思っていたので、その気さくな行政官に会ったときには驚いた。彼は堅苦しくなく、五〇代と思しき大柄でラフな感じの人で、カーキのズボンをはき、半そでの綿シャツを着て、オフィスの入り口に現れた。私たちに会うとにっこりと笑った。この訪問をおもしろい仕事だと思っているようだった。

二時間のあいだ彼はオフィスに座り、私たちのこれまでの財務状況や、課題や進展を聞いた。また、収入や支出、キャッシュフローを記したあらゆる種類の資料を読んだ。彼は何の先入観にもとらわれていなかった。二時間後、彼は椅子の背にもたれかかり、「感心した」と言った。「君たちは大丈夫だよ」

続いて彼は、コーポレーション・フォー・ナショナル・サービスの幹部を満足させるようなプレゼンテーションの仕方を、私たちに示そうとしていた。私は面食らった。ただただ信じられなかった。彼は私たちを助けようとしている!

彼の力を得て、助成金があれば財務的に生き残っていけることを、コーポレーションに納得してもらうことができた。彼らは二〇〇万ドルを提供し、私たちの計画に合わせて、通常のスケジュールよりも早く助成金を送ってくれた(アメリコープのほとんどのメンバーと異なり、ティーチ・フォー・アメリカのコープ・メンバーは、秋ではなく、夏の養成研修から取り組みを始める。のちにこの点が、アメリコープとの関係において、大きな不安が生じる要因となる)。

このときティーチ・フォー・アメリカの財政的破綻を救ってくれたのは、あの人だった。私たちの活動にたった二日間だけ現れて、CFOが公認会計士でないことも、私たち全員が大学を出て数年の若造だということも、大目に見てくれた人だ。彼が私たちのオフィスを去ったあと、私はお礼を言おうと何度も連絡を試みた。だが、彼が折り返し電話をかけてくることはなかった。やがて私は、彼が農務省を退職したことを知った。

## 養成研修の改革

コーポレーション・フォー・ナショナル・サービスからの援助が決まったのは、一九九四年の養成研修の請求書の支払いに、ギリギリ間に合うタイミングだった。この援助が決まったことで、ヒューストン大学の担当者は契約書にサインをさせてくれ、準備を始めさせてくれた。コープ・メンバーがキャンパスにやって来るわずか二〜三日前だった。

この年の夏の養成研修は、ふたたび障害の多いものとなった。数カ月前に私たちは、研修をロサンジェルスから別の場所に移動したら、かなりお金を節約できる——そして、プログラムを改善できる——と考えついた。最初にロサンジェルスを選んだのは、五〇〇人のコープ・メンバーを一人ずつ別の教室に収容して教育実習ができる、唯一の場所だったからだ。だが、教育実習は理想にはほど遠かった。五〇〇人の指導教官は、ほんとうにさまざまだった。さらに、どの教室でも経験できることは限られていた。ベテラン教師である一人の指導教官から、語調や進め方を学ぶからだ。

もし財務状況が許すならば、こうした問題も許容していたかもしれない。だが、ロサンジェルスで研修をやると、ひと夏で二〇〇万ドルかかった。もっと物価の安い地域に移動し、子供向けのサマー・スクールを運営して、学区と組んで費用の一部を負担してもらえば、費用を劇的に削減できる。私たちはそう考えて、全米の何十もの学区に接触しはじめた。一九九四年三月、私は研修をテキサス州ヒューストンに移すことを決めた。ヒューストン独立学区が、コストの一部負担に同意してくれたのだ。

予想されたことだが、スタッフの多くはこの変化を喜ばなかった。たった三カ月で、いったいどうやってまったく新しい研修を設計し、サマー・スクールのプログラムもつくり、それを運営する講師を訓練するのか? 私の解決策は、プログラムづくりに関してもっとも才能のある、ダニエル・オスカーに任せることだった。

ダニエルはその前の数カ月間、三人のチームとともに、翌年の夏に開く予定のサマー・スクールのプログラム開発に取り組んでいた。いまやラーニング・プロジェクトが緊急の課題となり、ダニエルと彼のチームは、喜び勇んで仕事に取り掛かった。三カ月で、彼らはヒューストンの学区と詳細を詰め、一〇人の校長に学校を明け渡すよう説得し、何千人もの生徒を集め、講師をリクルートして訓練し、カリキュラムをつくり、それを実行するための材料を集めた。

ヒューストン大学のキャンパスの中にある、とても遅いエレベーターを二機備えた一七階建ての寮に、私たちは五〇〇人のコープ・メンバーを押し込んだ。各階のロビーを占拠して、間に合わせのコンピュータ室と、教師資料室を作った。毎朝六時ごろ、コープ・メンバーはスーツを着て外に並び、黄色のスクールバスに乗り込んだ。彼らは学校へ行って、三人か四人のチームでクラスを教え、午後はティーチ・フォー・アメリカの卒業生を講師として、教師育成のセッションを受けた。夜はキャンパスに戻って、ワークショップや授業計画のミーティングに臨み、そして二台のコピー機の果てしない列に並んだ。

研修が実現でき、コストを前年に比べ一〇〇万ドル削減できたことは喜ばしかった。しかも、新しい研修プログラムは、ロサンジェルスで実施していたプログラムの単純な焼き直しよりも、ずっと優れたものになったことがわかった。この経験は、資源が限られているのは悪いこととは限らない、ということを教えてくれた。クリエイティブな発想が生まれ、むずかしい意思決定も断行することができるからだ。

残念だったのは、今回もコープ・メンバーが私たちの不手際にいらだつような事態があったことだ。まったく新しい場所で、まったく新しい研修方法を実施するにしては、準備の時間が短すぎ、仕組みもできていなかった。サマー・スクールでは、生徒の数が足りなかった。講師は新しい研修モデルを十分に理解していなかった。カフェテリアでは、それほど多くのベジタリアンがいるとは予想していなかった。

研修の半ばで、私はコープ・メンバーに向けてスピーチをすることになっていた。しかし、長いスピーチをするタイミングではなかったようだ。すべてのコープ・メンバーが一生懸命に仕事をし、研修に集中していたものの、ミーティングの緊張感は高かった。ティーチ・フォー・アメリカの歴史と未来を説明したあと、私は質問を受け付けた。

あっという間に、事態は手に負えなくなった。椅子の上に立ち上がって、怒鳴る人がいた。耳の不自由なメンバーは、通訳を通じて私をののしった。私に教職の経験がないことを指摘する人もいた。この夜は、「一〇〇〇の提案の夜」として語り継がれることとなった。コープ卒業生が何人か、私を擁護してくれた。一人は椅子の上に立って情熱的なスピーチをし、私たちはみんな同じ船に乗っているのだと言った。「コープ・メンバーはスタッフであり、スタッフはコープ・メンバーなのです」と彼女は言ったが、効果はなかった。

私はこの試練のあいだじゅう、冷静を保った。コープ・メンバーの批判もある意味もっともだと思ったし、私たちの力でできることはすべてやり、結局は研修を実現したということもわかっていた。また、私は第一回目と二回目の研修で似たような状況をくぐり抜けており、この状況もやがては終わる、と考えることができた。これまでのメンバーと同じように、ここにいるコープ・メンバーもまもなく教えはじめ、夏の研修というカゴのなかより、ずっと大きな課題があることを知ることになるのだ。

## さらなる追い討ち

私には休息が必要だった。疲労困憊した夏の終わりに、私はニュージャージー州の海岸に、リチャード・バースと一週間出かけた。リチャードとは、その数カ月前から付き合いはじめていた。リチャードと私は海岸に寝そべって過ごし、リラックスしようとした。だが、問題が起こった。その週の途中で、私のアシスタントがある記事をファックスしてきたのだ。

それは教育界の学術的な専門誌『ファイ・デルタ・カッパン』に、一九九四年九月に掲載されたばかりの記事だった。当時コロンビア大学の教育大学院の教授だったリンダ・ダーリン‐ハモンドが、わざわざこの困難な時期に、ティーチ・フォー・アメリカについての長い論文を載せたのだ。記事のタイトルは、「だれが子供の代弁者になるか」だった。

「この論文では」とダーリン‐ハモンドは書いた。「TFAの実績と研修、評価、運営について検証し、TFAで訓練された候補者が子供たちのニーズを満たすよう、十分に準備を整えているかを確認する。各側面で、TFAの不十分さは深刻なものであり、最終的には多くの学校と、そこに通う生徒を傷つけることになるだろう」

この論文は一四ページにわたって、ティーチ・フォー・アメリカに関するメディアの報道や、不満を抱いたコープ・メンバーの言葉や、学区の行政官や退職したスタッフの言葉などを用いて、自身の主張を論証していた。

ここで彼女が取り上げた組織を、私は知りもしなかった。私たちにはいろいろな課題があったけれど、彼女が描いたようなものではなかった。ダーリン‐ハモンドは辛辣な批評を何度も何度もくり返していた。

「人間的な面から考えると、公立学校とその生徒には、TFAによって大きなコストが生じている」。ある箇所で彼女はそう記した。別の箇所では、次のように述べた。

「TFAがターゲットとしている貧しい地方や都市部の学区において、子供の福祉に関心を持つ人にとってはとくに、(ティーチ・フォー・アメリカは) 邪魔者である」

ダーリン－ハモンドはティーチ・フォー・アメリカを、無力な地域社会の利益に反して、独自の利益を追求する組織として描いていた。

「多くの場所でＴＦＡのメンバーが仕事をこなせなくなり、そのあとには混乱だけが残って、親や他の教師や学区の行政官らが怒りを感じている。こうした感情はマイノリティの社会に深く存在する。当初の意図はよかったとしても、アフリカ系アメリカ人やラテン系の子供たちに対して、よい教育が提供できておらず、当初の意図も、傲慢や横柄さや無知を隠すための薄いベールのように見える」

胸元を殴られたかのようだった。私たちの活動に対する学術的な分析というよりも、個人攻撃のように読めた。私たちの意図を、誤解しているのではないかと感じた。私たちは助けようとしているのだ。実際、私たちが働いた学区や校長たちは、私たちの協力を感謝してくれた。教育学部が彼らのニーズを満たさないから、私たちがそのギャップを埋めているのだ。

この論文で書かれた主張に対して、反論しなければならないことはわかっていた。そこで私は休暇のあいだに、ダーリン－ハモンドの論文の分析を始め、私たちの支援者に送る文章を書き始めた。その過程で、ダーリン－ハモンドの論文が『ファイ・デルタ・カッパン』誌の審査基準を通過したことに、ますます驚いた。ある箇所では、ダーリン・ハモンドは『ニュースデイ』紙の記事を論証として使って、次のように書いた。

「この記事で紹介された何人かのメンバーたちの多くが、〝大きな疑問〟を感じ、それゆえに学校の第一週が終わる前に辞めている。残された生徒たちには教師がおらず、学校側は代替の教員を探そうと必死である」

原典となっている『ニュースデイ』の記事を見てみると、その記事はティーチ・フォー・アメリカが最初のコープ・メンバーを配置した一週間後、一九九〇年九月に書かれていた。記事はあるコープ・メンバーの最初の一週間を取材したもので、他に五人がその学校で働いているとあった。記事では校長のキャサリン・ソロモンの言葉が引用されていた。

「この若者たちが来てくれたこと、彼らの情熱や意欲に、大変感激しています。……彼らは非常に多くのことをやりたいと願い、それが至るところに現れています。一日の終わりには彼らを学校から出さなければならないのですが、彼らは帰ろうとしません」

その記事によれば、最初の一週間を終えられなかったのはニューヨークに配置された「一七七人」のコープ・メンバーのうち三人だった。

ダーリン・ハモンドは別の箇所で、ニューヨーク市の学校運営組織の副代表、ビバリー・ホールの言葉を引用していた。

「候補者たちはほとんど準備ができておらず、何人をも解雇しなければなりませんでした。すでに、彼らが教えていた子供たちの教育にダメージが生じていました」

こんなことがあるだろうか。ホール博士は、ティーチ・フォー・アメリカの強力な支援者だった。このコメントを言ったかと電話でたずねたところ、言っていないとのことだった（彼女はのちに、ニューアーク統合学区の代表となり、その後アトランタ公立校の代表となった。両方のポジションで、ティーチ・フォー・アメリカを学区に導入した）。

ダーリン・ハモンドは別の校長の言葉として、コープ・メンバーは無力で、「あまり熱心でない」と書いていた。しかし、この論文が出る前の春に、ティーチ・フォー・アメリカはコープ・メンバーを雇用した校長に対してアンケートを実施し、合計六四二人のコープ・メンバーが在籍する学校の、二三三人の校長から解答を得ていた。九五％以上の校長が、他の新任教師と比較して、コープ・メンバーは少なくとも同程度であるとした。六七％が、コープ・メンバーは他の新任教師より優れているとした。そして六〇％が、「教師全体」と比較してコープ・メンバーは優れていると評価したのだ。

私は教育界の支援者たちに電話をし、どのようにこの論文に反応すべきか相談した。彼らは、大人しくしているようにと言った。本格的な戦いで勝てるほどの威信が、私たちにはないと彼らは考えたのだ。そして、だれも私たちの援護を申し出てくれなかった。そこで私は比較的穏やかな手紙を編集者に宛てて書き、論文のなかでもっともひどい主張だけを、事実を述べるトーンで修正して送った。ダーリン‐ハモンドは手厳しい返事を自分で書いてきた。私の手紙の四倍もの長さがあった。二つの手紙は同じ号に掲載された。

私はダーリン‐ハモンドに直接会って、彼女が指摘した点について話し合うべきか考えた。論文が掲載される前から、彼女が私たちの活動に反対していることは聞いており、私たちは以前彼女を呼んでスタッフに会わせ、私たちへの評価を見直してもらおうとした。彼女はすでに十分な「材料」を持っており、一度のミーティングで私が提供できる証拠では対抗できなさそうだった。それに、論文では私たちとの以前のミーティングを非常に不正確に描いており、また会ったとしても単に非難のネタを提供するだけだろうと思った。

その論文があまりにも常識はずれだったので、だれも真剣には受け取らないだろうと私は考えていた。だが、それはまちがっていた。

資金提供者たちは電話をかけてきて、内容の確認と、ダーリン‐ハモンドが論文のなかで挙げた疑問への答えを求めた。その後何年にもわたり、私たちに関して全国メディアに掲載された記事では、そのすべてでダーリン・ハモンドが引用されていた。論文で示されていた論証について、私が分析したものを配布すると、読者はだれを、そして何を信じればいいのか、混乱しただけだった。

一方で、私たちは、ティーチ・フォー・アメリカを弁護している場合ではなかった。私は増えつづける問題で手一杯だった。九月で年度が終わろうとしていたが、当年度も収入が支出より六〇万ドル少なかった。私たちは八五〇万ドルを調達し、九一〇万ドルを使った。これにより、累積赤字は一二〇万ドルとなった。ふたたびUCLAへの六〇万ドルの支払いを遅らせ、初期の資金提供者から四五万ドルを借り、他のさまざまな業者への支払いを延ばして、なんとか生き延びていた。

財務状況と同様にストレスが大きかったのが、内部のスタッフの問題だった。その問題が大きくなってきたため、組織は控えめに言っても弱体化していた。資金不足から生じる日常的なプレッシャーや、時間がいつもギリギリになってしまう感覚が、スタッフの意欲を失わせた。さらに、組織が分割され、リーダーが多忙で手一杯だったので、組織文化は崩壊していた。TEACH!とティーチ・フォー・アメリカのスタッフは、互いに邪魔しあうようなことをやっていた。

スタッフのなかには、組織のために正しいことをやるよりも、見せかけをよくすることに熱心な人もいるようだった。不誠実さが、明らかに現れている事例も見つかった。ティーチ・フォー・

アメリカの資金調達計画——これがキャッシュフロー予測のベースとなる——のなかに、虚偽の支援見込みがたくさん見つかったのだ。私たちの組織は『蝿の王』〔ウィリアム・ゴールディングの小説。孤島に流された少年たちが、対立しあうようになる〕を思い出させた。スタッフは、共通の目標も、統一された価値観も持たずに、走り回っていた。

# 06

Big Decisions

# 大きな決断

ある日、空港から家に戻る途中で、私はパソコンを取り出して、ティーチ・フォー・アメリカの全員がどのように動くべきかを書きはじめた。飛行機が着陸したときにメールをチェックしたのだが、そこでまた企業文化の腐敗を象徴する事件が起きていることがわかり、私は正気を失った。いまでも、タクシーの後部座席で、狂ったようにキーボードをたたいたことを思い出す。

最初に書いたのは、「よい文章、思考、話し方」。スタッフの全員が、うまく書かれた文書を作成できるよう努力し、私たちの戦略やアプローチがよく理解されるようにしなければならない。

「責任」が次に来る。全員が、組織全体の成功に責任があると感じてほしいし、全体への忠誠心を持って行動してほしい。自身の思いに従って行動し、座って不満を言うのではなく、事態を改善するよう主体的に動いてほしい。

その次に「継続的学習」と書いた。私たちが抱えていた最大の問題は、スタッフが批判的なフィードバックを受けると、それを「自分たちがダメな証拠」と受け取ってしまうことだった。批判を受けないよう、何をやっているかをマネジャーに隠すようになった。その結果、仕事の質を確保したりスタッフの能力を伸ばしたりすることが、非常にむずかしくなった。その前の年、私は『自らを超える』〔*Surpassing Ourselves*：未邦訳〕という、二人の認知心理学者によって書かれた本を読んだ。二人は、「エキスパート」と「非エキスパート」を分ける特質について、ダイヤモンドの加工から法律まで、さまざまな分野で研究した。二人が見つけた、たった一つの特質は、知性でも努力でもなく「素直さ」であり、常に学ぼうとする気持ちだった。

さらに、私たちは全員が結果を出す責任がある思ったので、「達成」と書いた。

そして、「効率」と「誠意」がリストを締めくくった。

タクシーが自宅に着くころには、私は高揚していた。パソコンを開いて三〇分間タクシーに乗ったのは、私にとって落ち着きを取り戻すきっかけとなっただけでなく、ティーチ・フォー・アメリカの歴史における一つのターニング・ポイントとなった。その後の数週間で、スタッフがこの行動基準を膨らませ、修正した。このプロセスで、「展望を持つこと」と「鋭敏さ」がリストに加わった。そして、各項目の定義を微調整した。これが組織の問題に取り組むうえで重要なステップとなったが、まだ始まりに過ぎなかった。

## 優れたマネジメントの力

マネジメント・チームで何度も長時間話したのちに、私は事業を統合することを決心した。コストを下げ、組織構造を単純化するために、私がティーチ・フォー・アメリカとＴＥＡＣＨ！の両方を監督する。ダニエル・オスカーは退職し、ラーニング・プロジェクトを独立の非営利団体として運営する。ダン・ポーターも組織を離れて、別の道に進む。リチャードは、私たちが直面する大きな課題である、資金調達の責任者となる。

私が全米的な資金提供者から依然として歓迎されずにいるあいだ、リチャードは各地域での資金調達活動の問題点を診断した。地域ディレクターたちは、目標をもって資金を確保しようとは努力しておらず、どのようにして資金調達のための会合を開けばいいのか、わからない者もいた。提案書がうまくできていない場合もあった。リチャードは、この問題の解決に乗り出した。地域ディレクターとともにそれぞれの地域で目標額を決め、会合のアジェンダをつくるのを手伝い、作成された提案書に対してフィードバックした。地域ディレクターのなかには、リチャードの直接的な指導方法は、自分たちの知性を侮辱するものだと感じた人もいた。彼らは細かく管理されることに慣れていなかったのだ。それまでマネジャーたちは、協調的な関係をつくるため、相手を気分よくさせるような接し方をしてきた。だがリチャードは粘った。財務の問題を解決することを、心に決めていたのだ。

リチャードを見ていて、私は非常に重要なことに気がついた。ティーチ・フォー・アメリカが目標を達成できるかどうかは、私を含めた組織のリーダーが有能であるかどうかにかかっている、ということだ。大きな夢を持つのはすばらしいことだ。でも、すべてのレベルで効果のあるマネジメントが行われないと、成功には結びつかない。目標を定義し、自分たちとスタッフが目標達成に向けて責任を持つよう、仕向けなければならない。そして、エネルギーを注いで、目標が達成できるようにスタッフの能力を伸ばさなければならない。これは、私の考え方において大きな変化だった。

リチャードの努力は実を結びはじめた。各地のスタッフが、資金調達に関して以前より時間を割くようになったのだ。資金提供候補者のリストは長くなっていった。彼らは明確な目標と指導を受け入れるようになり、成功を重ねるにつれ、仕事に対する気持ちも上向いていった。もう一つ驚いたのは、スタッフが行動基準を完成させると、それに従うようになったことだ。私たちの組織は、以前とは別のものになりつつあった。

## 原点に戻る

企業文化は向上しはじめたが、財務状況は依然としておぼつかなかった。私たちは存続するために戦っていた。リチャードは、支出について細かく管理するようになった。彼は毎週火曜日の朝、八時一五分からミーティングを開き、そこでマネジメント・チームがマネジャーからの書面での支出要請を検討した。ほとんどの要請は五〇ドルから二〇〇ドルほどのものだったが、その大半が却下された。そしてリチャードと、二四歳の穏健で几帳面なCFOのケンジ・ハシモトが毎日会って、収入と支出の見込みについて検討した。二人は、その日何をするべきか——どの支払いを遅らせ、どの資金提供者に電話をするか——を考えた。

賃金の支払いが遅れたことはなかった。二週間が過ぎると、必要な資金をギリギリのタイミングで調達した。私は一晩安心して眠った。そして翌朝起きると、次の支払いのことを心配しはじめるのだった。

銀行に借り入れを申し込むには遅すぎた。しかし、リチャードはエドウィン・グールド子供財団のマイケル・オシェウィッツからの支援を獲得し、リボルビング・ローン［一定の与信枠の範囲内で、自由に借り入れ・返済ができるローン」の提供を受けることとなった。私たちが資金提供者から助成金の確約を書面でもらうと、グールド財団がその額のキャッシュを送金してくれる。その確約された助成金を実際に受け取ったら、グールド財団に返済する。一度、すべての選択肢を使い果たし、グールド財団に持っていけるような確約さえもなかったことがあったが、そのときは、かつて私たちを支援してくれた個人コンサルタントのスー・リーマンが六万ドルを送金してくれた。賃金支払いのための資金が必要な時刻の、約二時間前だった。彼女には三日後に返済した。

プレッシャーは大きすぎた。単純に、持続不可能だった。ある晩私は、お気に入りのコーヒーショップ、カフェ・ラロで、ダニエルに会った。ダニエルは、ラーニング・プロジェクトの資金調達について私のアドバイスを求めていたのだが、やがて私は自分の思いをぶちまけはじめた。

カフェラテで一息つきながら、「私は惨めだ」とダニエルに言った。ダニエルは同情して聞いてくれ、「いちばん楽だったのは初年度だった」と、思いを巡らしながら言った。初年度はただ、コープ・メンバーをリクルートし、選抜し、トレーニングし、配置すればよかった。その後、私たちは新しい組織を立ち上げ、コープ・メンバーに継続的な育成プログラムを提供するようになり、状況は複雑化していった。良いことをしようとした結果、より多くのことをやろうとし、それが裏目に出た。

「もしかしたら」とダニエルは言った。「あのころやっていたことに戻って、他のことはすべて、やめるべきなのかもしれない」

私も同感で、初年度がいちばん楽だった。でも、展開はかなり進んでおり、この時点で他のことをすべて切り捨てることはできなかった。切り捨てたら、コープ・メンバーはサポートがない状況に戻ってしまう。スタッフの半分を解雇しなければならない。TEACH!を信じてくれた資金提供者やスタッフを落胆させる。私はカフェ・ラロを出て、ブロードウェイをゆっくりと歩いた。ダニエルのアドバイスを噛み締めながら。

数週間後、私はイアンと食事をした。イアンはその一年前にティーチ・フォー・アメリカを離れてハーバード・ビジネススクールに通いはじめ、その日だけニューヨークに来ていた。私はこのとき、非常に意気消沈していたことを覚えている。徹底的にへこんだ状態で、イアンに「ティーチ・フォー・アメリカを解散するべきかもしれない」と言った。

励ましてほしいというこの遠まわしな要請に、イアンは答えなかった。イアンは私が落ち込んだのを何度も見ており、そこから抜け出すのも何度も見ており、今回がいつもとは違うとは思わなかったのだろう。だが、そのときは違ったのだ。レストランを出たとき、私は気づいた。マネジメント・チームを集めて、根本的な質問をすべきだと。つまり「ティーチ・フォー・アメリカを続けるべきだろうか」と。

翌日、私はチーム・リーダーたちをオフィスに集め、この質問をした。一時間ほど議論したあと、リチャードが発言した。

「批評家たちが何を冷静に指摘しようと、ティーチ・フォー・アメリカが機能していることはわかっている」

ニューヨーク地区のエグゼクティブ・ディレクターだったころ、リチャードはよくブロンクスやワシントン・ハイツの学校を訪問していた。そこで彼はティーチ・フォー・アメリカの教師たちの力を見たのだった。そして何十人もの校長にも会い、彼らから「ティーチ・フォー・アメリカは、エネルギーと才能を、献身的に学校に注いでくれた」と言葉をかけられた。

また私たちは、ティーチ・フォー・アメリカがコープ・メンバーのキャリアの方向性についても、影響を及ぼしはじめていることを認識していた。立ち上げから六年が経過し、コープ卒業生のなかには学校を始めた人や、校長をめざす人がいた。また、生涯を教職に捧げることを決めた人、教育の平等を実現するためにロースクールに入った人、低所得地域の小児科医になるために医学部に入った人、より大きな社会的インパクトを与えられる能力を獲得するという明確な目的をもって企業に入った人などもいた。

話し合えば話し合うほど、私たちはティーチ・フォー・アメリカの当初のコンセプトに戻っていった。それは資金提供者が言うような「システミック」なものではなかったが、とてつもなく触媒作用があるものだった。コープ・メンバーは、国内でもっとも恵まれない子供たち数十万人に、よい影響を与えている。そして彼らは、将来のリーダー予備軍となっている。いつの日か、すべての子供たちが、人生において真に平等なチャンスを手に入れられるよう、根本的な変化を起こすための見識と意欲を備えている。

ティーチ・フォー・アメリカは、アメリカにおける最大の不平等、すなわち、低所得地域に生まれる子供たちがチャンスを得られないという状況に対して、解決策を打ち出そうとしている。この不平等が存在する限り、ティーチ・フォー・アメリカは戦いつづけなければならない。

TEACH!も、よいアイディアではある。学区が抱える中心的な問題の一つは、教師のリクルートとトレーニングを効果的に進められないというものだ。TEACH!はそれを解決するための、重要な活動だ。ただ、この活動は、より大きなムーブメントを危険にさらすには値しない。

私はようやく、以前には見えなかったものを見ることができた。私たちには、二つの組織を機能させる力はないということだ。複数の組織を運営できるほどの人材も、経営システムも、資金も持っていない。

私はＴＥＡＣＨ！の解散を受け入れた。ＴＥＡＣＨ！を続けることで、ティーチ・フォー・アメリカが犠牲になるのであれば、ＴＥＡＣＨ！を続けることはできない。

ひどい気分だった。こうなったのはまったく私の責任だということが、よくわかっていた。私がこの道をスタッフに進ませたのだ。それだけでなく、資金提供者のなかでももっとも私たちを信頼してくれた人たちを説得し、ＴＥＡＣＨ！に出資してもらうことで、この輪のなかに引き入れた。だが、もう解散以外の選択肢は見えなかった。いつか別の形でＴＥＡＣＨ！を実現させることを、私は決意した。

もう一つ、大きな決断を下すべき点があった。予算を削減する必要があったのだ。ふたたび、私は大きな思考の転換を受け入れた。従来は、支出としていくら必要かを予測してから、それを満たすための資金調達目標を決めていた。これに代わって、いくら調達できるかを合理的に予測してから、その数字以下にコストを抑えることにしたのだ。リチャードはこれまでの資金調達の実績と今後の見込みを分析し、予測を見直して、私たちに伝えた。六〇〇万ドルだった。予算を二〇〇万ドル削らなければならない。

目標は明確だった。核となる活動は犠牲にせずに、予算を四分の一削減すること。私たちはコープ・メンバーの数を減らすことを検討した。だが固定費が大きいため、二〇〇万ドルを削減するには、メンバーの数を半分以上減らさなければならない。派遣する地区の数を減らすことも検討したが、そうすると各地での資金調達の可能性が低くなる。それに私は、規模や地域展開を縮小したくはなかった。緊急の全国的なムーブメントとなるためには、規模と範囲という側面が欠かせないと、まだ強く信じていたのだ。

私たちは、コープ・メンバーが着任したあとの継続的な育成活動に注目した。これには二〇〇万ドルの費用がかかっていた。この活動は、財政的な理由からだけではなく、プログラム上の理由からも、もっと早く中止すべきだったかもしれない。なぜなら、私たちが育成の手助けをしてしまうと、学校や地域社会でコープ・メンバーが必要なサポートを自ら探そうとしなくなってしまうからだ。問題が起こると、それは学校や学区の責任ではなく、ティーチ・フォー・アメリカの責任だとされる。それに、二五人のメンバーに一人のサポート・ディレクターを配置しても、必要なサポートをすべて提供できるわけではなかった。つまり、うまく機能していないプログラムに多くのお金を使っていたのだ。

コープ・メンバーのなかでも力のある教師たちは、独自に育成の手段を開拓していた。たとえば、校内の優れた教師に会いにいっていた。また、他の教師や学校の行政担当官に、サポート・ディレクターよりも頻繁に、授業を見てもらっていた。彼らは地域社会や学校のなかで、必要なリソースを自分で探していたのだ。私たちはこうした活動を、さらに促進する必要があった。

解決方法は明らかだった。唯一の有効な手段で、かつ基盤となるミッションに妥協することなく実施できるのは、継続的な育成活動を中止することだった。その代わり、コープ・メンバー間にサポートのためのネットワークをつくり、もっと地域のリソースを活用するよう奨励するのだ。

この計画を立てるうえで悲しかったのは、六〇人の献身的なサポート・ディレクターを解雇しなければならなかったことだ。財政的に考えると、この計画を先延ばしにするのは得策ではなかった。サポート・ディレクターを解雇すると、二週間ごとの支払い賃金は、二〇万ドルから一二万ドルに下げられる。苦しい議論の末にマネジメント・チームが達した結論は、スタッフを学年度の途中で放り出すのは正しいことではない、というものだった。結局、それによって財務的な負担が生じても、私たちは彼らを学年度の終わりまで雇っておくことにした。

サポート・ディレクターのポジションをなくすという決定は、一九九五年の二月二一日に伝えることとした。一年に三回、地域ディレクターとチーム・リーダーたちを戦略策定とスキル開発のために集めていたのだが、二月二一日はその会議の初日だった。会議は一週間続くので、そのあいだに直接、地域ディレクターの懸念を聞けるし、地域ディレクターも今後に備えて気構えを持つことができるだろうと考えた。そこで、彼らがニューヨークで一堂に会するときに発表することにしたのだ。

三〇人ほどのスタッフの前に立って、私は緊張していた。まず、ここ数週間で、マネジメント・チームが自分たちの心の中を探ってきた過程について話した。そして、私たちが達した結論を伝えた。おおよそ正しい動きだと、地域ディレクターたちは考えたようだ。彼らは仕事がなくなってしまうスタッフに同情したが、私たちが踏み出そうとしている大きな一歩を尊重してくれた。こうするべきなのだ。これがティーチ・フォー・アメリカを救うのだ。

私は驚いたが、ほっとした。これだけ反応が前向きだということは、正しい決断だったにちがいない。

その後の一週間で、私は残りのスタッフと主要な資金提供者や外部の支援者に、この決定を伝えた。反応は心強いものだった。資金提供者と教育界の重鎮たちは私たちの決定を称賛した。ようやく、すべてを自分たちでやろうとするのではなく、コープ・メンバーのサポートのためのしっかりとした組織をめざしはじめたからだ。さらには、相当数のサポート・ディレクターが、この決定は賢明だと言ってくれた。彼らはティーチ・フォー・アメリカを信じており、その財政難についてもよく知っていた。コープ・メンバーとともに仕事をすることを楽しんでいたぶん、全体をよくするために、仕事をあきらめてくれたのだ。

この知らせにもっとも衝撃を受けたのがコープ・メンバーだった。多くが、これは自分たちを見捨てようとしている証拠だととらえた。だが、新しい方法のほうが最終的には彼らのためになると、私は信じていた。

## 将来計画を立てる

その年の春、私たちは三カ年計画を作成した。

まず、野心的な目標を設定した。すなわち、「安定的で勢いのある組織となって、アメリカのすべての子供たちが優れた教育を受けられるようになるまで、ミッションを追求する」というものだ。

次に、どうすればこの目標を達成できるかを話し合った。私たちは五つの優先事項を決めた。

第一に、財務の安定性を確保すること。資金をどこから入手するかを考えずに、新規の拡大プログラムを始める日々はもう終わった。そして、資金調達先を拡大し多様化できるよう、積極的に取り組む。少数の巨大な助成金に依存したくはなかった。それはあまりに危険すぎる。TEACH!のような、収入を生み出し、ティーチ・フォー・アメリカにも資金を提供するような組織を運営する力もない。私たちはそのことを確かに学んだ。さまざまな資金源から調達して、毎年の予算を確保していくのが最善なのだ。

第二に、コープ・メンバーが受ける研修とサポートの強化にとくに焦点を当てて、核となる活動をてこ入れすること。夏の研修は劇的に改善されたが、まだまだやるべきことがあった。また当然のことながら、コープ・メンバーが必要とするサポートを受けられるよう、新たな方法を編み出す必要がある。

第三に、優れたスタッフを採用し、有効なマネジメントと能力開発を施して、組織の能力を高めること。私はそうすることの効果に気づきはじめていた。また行き詰まる組織と繁栄する組織の違いはここから生じることも明らかだった。

第四に、世間や教育界での評判を高めること。第五に、理事会を強化し、派遣場所のそれぞれで地域理事会を組織すること。リンダ・ダーリン - ハモンドの経験から、私たちには支持者が必要だということがわかった。尊敬される経験豊かなリーダーに、味方になってもらう必要がある。二〇代の人間だけに支えられている限り、私たちの組織は繁栄できない。

この五つの優先事項それぞれについて、成果を測る指標を決め、年の終わりにそれと照らし合わせて進捗度合いを評価することとした。これもまた重要なブレークスルーだった。私たちは何年ものあいだ、効果的な計画立案プロセスを確立しようとして四苦八苦し、さまざまな形の戦略プランを次々に作ってきた。ようやく、プロセスではなく目標に焦点を当てることにより、スタッフの起業家的エネルギーを解き放つことができるようになった。プロセス中心の計画でスタッフを細かく管理するのではなく、決められた結果を出すために、自由にやってもらうのだ。いまやスタッフは、自分たちがどこに向かっているのか、はっきりわかるようになった。すべての仕事が、一つの方向を向いた。

私はこの計画にワクワクした。うまくいくのはわかっていた。ただ、この年度を乗り切りさえすれば。

## 07

# トンネルの向こうに灯りが見えた

Reaching the Light at the End of the Tunnel

戦略は決まったが、緊急の資金ニーズがあることには変わりなかった。

サポート・ディレクターが退職するのは学年度の終わりだったから、六月末までは二週間ごとの賃金支払いのために、二〇万ドルを調達しなければならない。また、夏の養成研修のための住居と食料、講師の招聘にかかる巨額の費用をカバーできるよう、十分な額のキャッシュを用意する必要がある。

こうしたすべてをカバーする資金のうち、七五万ドルを除いては調達できる自信があった。財務予測によれば、あと七五万ドル調達できさえすれば、この山を越えられるのだ。学年度が終われば支出は大幅に減るため、財務は安定軌道に乗るはずだ。実際、会計年度が終わる九月三〇日には、その年度の収入は支出を上回るという予測が出ていた。

## 予想外のハードル

私たちの状況について議論するため、カーネギー・コーポレーションに資金提供者の会議を再度主催してもらった。私たちを長年支えてくれている約二〇人の資金提供者が、一九九五年五月に集まった。

私はこの会議を楽しみにしていた。ついに彼らが聞きたかったことを話せる、と思ったのだ。まず、私たちはこれまで学んできたことを伝えた。核となるミッションに集中する必要性、プログラムを支える十分な資金を確保すること、効果的なマネジメントを行って組織の能力を高めること。次いで、この先数カ月に必要な資金と、豊かな未来が予想される長期の財務予測について説明した。

短期の収入予測では、コーポレーション・フォー・ナショナル・サービスが助成金を更新して、再度交付してくれることを見込んでいた。同団体からは複数年にわたる助成金の確約はもらっていなかったが、通常彼らは、助成の条件に適合していれば助成をくり返していた。数カ月前、ロースクールを卒業したばかりの人が、同団体での私たちのプログラム担当者となった。その年のあいだじゅう、私は資金提供の継続を確認するため、彼女に何度も電話した。だが、折り返し電話がかかってくることはなかった。忙しすぎて、電話をかけてくる暇などないのだろうと推測した。彼らは、私たちがどれだけ彼らの助成金に依存しているかを知っていた。私たちはコーポレーション・フォー・ナショナル・サービスの最大のプログラムのうちの一つだった。そして、連絡がないということは、状況に変化がないことを意味していると考えた。

私はそのプログラム担当者に、カーネギー会議への招待状を儀礼的に送った。返事は来ないものと思っていた。だから、会議に彼女の上司がやって来たのには驚いた。リチャードと私が財務予測を説明しているときに、その女性は手を挙げてたずねた。

「私たちが再度資金を提供するなどと、いったいどうやって思いついたんですか」

私は、アメリコープのプログラムは、コーポレーションの規則に従っている限り、くり返し資金提供を受けられることになっていると答えた。それに対して、彼女は言った。

「ティーチ・フォー・アメリカには、いくつも問題点があるんですよ」

会議のあと、スー・リーマンが電話をくれた。数カ月前に私たちの口座に送金して、賃金の支払いを助けてくれた個人コンサルタントだ。彼女は、あの場所にいた多くの人が、私たちの計画の有効性について納得していなかったようだと言った。彼女は「オフィスに行ってプレゼンテーションの細かい部分まで、くまなくチェックしたい」と言った。

計画がほんとうにうまくいきそうだと納得すると、スーは資金提供者たちにそれを伝えようと決めた。手紙を書いたり電話をしたりして、私たちが正しい方向に進んでいると伝えてくれた。ナイト財団のプログラム担当者であるリック・ラブは、ふたたび資金提供を申し出てくれた。一〇〇万ドルのチャレンジ助成金という形だ。それを得るためには、私たちがまず六五万ドルを調達する必要があった。

コーポレーション・フォー・ナショナル・サービスからは、まだ何も公式な連絡をもらっていなかった。カーネギーの会議のあと、私はプログラム担当者だけでなく、会議に出席した彼女の上司や、その上のほうの人たちにも連絡をとろうとしたが、うまくいかなかった。電話もファックスも返事が来ることはなかった。ティーチ・フォー・アメリカの存在そのものが彼らの助成金にかかっているということを、彼らも理解しているはずだった。それだけ影響が大きいのだから、否定的な結論が出たとしたら電話の一本ぐらいは来るはずだ。

問題の一つは、私たちが他のアメリコープのプログラムよりも早く、資金の確約を必要としていることだった。なぜならコープ・メンバーは、秋ではなく夏から活動を始めるからだ。また、コーポレーション・フォー・ナショナル・サービスは引き続き私たちの財務状況に懸念を抱いていた。

さらに、私たち以外のアメリコープのプログラム関係者から聞いた話では、ティーチ・フォー・アメリカが「全国的に知られていること」を、コーポレーションはよく思っていないということだった。つまり、世間は私たちを「ティーチ・フォー・アメリカ」として知っているが、他のプログラムはアメリコープの誕生以前には存在しておらず、それらは「アメリコープのプログラム」として知られていた。

この懸念は理解できるものだった。アメリコープがはっきりと認知されれば、世間でも議会でも支持を得られるのだ。私たちはアメリコープの存在が認識されるように、文房具や印刷物にそのロゴを入れたり、ボイスメール・システムに彼らの名前を入れたりするなど、できることはすべてやった。

一九九五年の夏の養成研修まで三週間を切った時点で、コーポレーション・フォー・ナショナル・サービスからは何の連絡もなく、私は非常に不安になった。ヒューストン大学と正式契約し、夏の研修にやって来る五〇〇人のコープ・メンバーを迎える準備を始めるためには、同団体からの確約が必要なことをファックスで伝えた。私は、きっと大丈夫だと信じつづけた。なぜなら、彼らの最大のプログラムの一つを、二〇〇万ドル足りないがために破綻させてしまうとは、想像できなかったからだ。他のずっと実績のないプログラムに、彼らは何百万ドルをも惜しげもなく提供していた。

研修二週間前を過ぎても電話はなかった。私は直感的に、ワシントンDCへ行って同団体のCEOを直接訪問しようかと思った。だが、ふたたび私は他のアメリコープのプログラム関係者から忠告された。担当者以外にファックスを送ったりメッセージを残したりしたら、資金提供を受ける可能性は消えてしまうと。

一九九五年六月一八日に、五〇〇人のコープ・メンバーがヒューストン大学に集まる予定になっていた。前年と同様に、コーポレーション・フォー・ナショナル・サービスから資金の確約が得られるまで、スタッフはキャンパス内で準備を進めることができなかった。そこでスタッフはヒューストンのモーテル二部屋をオフィスとし、キャンパスに入らずにできることをすべてやった。研修のちょうど一週間前の週末の時点でも、連絡はなかった。私の胃と胸はストレスで締め付けられ、眠ることもできなかった。コーポレーション・フォー・ナショナル・サービスの人たちは、なぜ状況を説明する電話の一本もくれないのだろう。

六年間で初めて、私はティーチ・フォー・アメリカがつぶれることを考えた。組織を安定させるため、あらゆるステップを踏んだにもかかわらず。これまでの年月で、さまざまなことを学び、実行してきたにもかかわらず――。

私は何をしなければならないかを考えた。もし金曜日までに連絡がなければ、コープ・メンバーにフェデラル・エクスプレスで通知を送り、資金が足りないために研修がキャンセルとなったことを伝えなければならない。そうなったら、私たちは大学生や資金提供者の信頼を失うだろう。私たちは終わりだ。なんて皮肉な！　新しい国家奉仕プログラムの開発をミッションとする機関が行動を起こさなかったために、六年間も実績をあげてきた組織が破壊されるのだ。

月曜日と火曜日も何も連絡がなかった。水曜日にようやくプログラム担当者から電話があり、木曜日の朝に電話会議を開きたいと言ってきた。私は彼らがそこで何を言おうとするのか、想像もつかなかった。

電話会議は耐えがたいものだった。六人のコーポレーション・フォー・ナショナル・サービスのスタッフが、二つの条件を満たせば助成金を更新すると言った。第一の条件は、コープ・メンバーに対する「奨学金」の受け取りに合意すること。第二に、明日までに、予算をあと一〇〇万ドル削減することだ。

この二つの条件は、おそろしいほど矛盾していた。他のすべてのアメリコープのプログラムに所属するメンバーは奨学金を受け取っており、将来または過去の学費支出にあてていた。金額は一年間で約五〇〇〇ドルだった。だが彼らは小額の給費しかもらっておらず、通常の給与をもらっている私たちのメンバーとは異なっていた。私たちは奨学金として政府に五〇〇万ドル出してもらわなくても、問題なくやっていけた（ティーチ・フォー・アメリカのコープ・メンバーも含めて、低所得地域の教師たちは、すでに教育ローンの支払いを免除されていた）。私たちはこの奨学金により、コープ・メンバーが仕事をしにくくなるのではないかと心配した。なぜなら、コープ・メンバーと一緒に働く新任の教師は、同額の給与は支給されるが、奨学金はもらえないのだ。

なぜ奨学金を受け取らなければならないのか、その理由はまったく聞かせてもらえなかった。つまりは、アメリコープの世間的な認知度の問題が絡んでいるのだろうと、私たちは推測した。また、議会からは多くの資金が奨学金用に提供されていたが、一方でプログラム支援の資金はあまり出されていなかった。理由はどうあれ、私たちは一〇〇万ドルの予算削減を要求され、同時に必要とは思えない五〇〇万ドルの資金を与えられようとしていた。こんなことが、ありえるだろうか。

だが、研修が始まるまでに二営業日しかなかったので、戦う時間はなかった。私は怒りを飲み込み、奨学金の受け取りに合意し、四時間以内にあと一〇〇万ドル削減することを決意した。主に、リクルートの費用を大幅にカットすることにした。ここしか削れる部分はなかったのだ。

金曜日の午後四時四五分、コープ・メンバーがキャンパスに来る予定の日曜日を目前にして、ついにコーポレーション・フォー・ナショナル・サービスの高官がヒューストン大学の担当者に電話を入れた。スタッフはキャンパスに入ることを許可され、準備を始めた。二年間連続で、準備にほんのわずかな時間しか使えずに、五〇〇人を対象とした研修を開くことになった。

この事件のあと数週間、私は朝のジョギングの時間に、コーポレーション・フォー・ナショナル・サービスへの復讐計画を練った。だが何カ月かが過ぎたころ、この事件は同団体の問題ではないということを悟るようになった。ワシントンの数人の役人の問題なのだ。規則には従うが、コミュニケーションや行動をとらないことが、私たちのような脆弱な組織にどれだけの影響を及ぼすかがわからない人たちだ（その後、同団体とは非常に良好な関係を築くことになった。この事件の直後に私たちの担当になったマーリーン・ザカイが熱心に取り組んでくれたおかげだ）。

## チャレンジ助成金も獲得

こうなると、あとは六五万ドルを調達できるかどうかだ。そうすれば、ナイト財団のチャレンジ助成金が手に入る。私は合計で五〇万ドルの確約を得た。だが、まだ一五万ドル足りない。

次の週、地域ディレクターたちが、恒例の一週間ミーティングのためにヒューストンに集まった。この週のはじめ、私はどうすればいいのか、正直なところ見当もついていなかった。あと少しなのに、とても遠かった。知っている人には全員に電話をかけたが、一五万ドルがどこから手に入るか、まったく見えなかった。

ストレスはあまりにも大きく、あるとき私はスタッフの前で泣き出してしまった。スタッフの前で自信のない姿を見せたのは、おそらくこのときだけだろう。だが、これがどんな言葉よりもスタッフのロイヤルティを高めたようだ。ロサンジェルスのチームを率いていたグレッグ・グッドは、私をそばに呼び寄せて、自分はティーチ・フォー・アメリカのためなら戦争にでも行くと言った。ワシントンDCの地域ディレクターであるアビゲイル・スミスは、教師一年目に一年生の前で泣いたことを手紙に書いてくれた。

会議の最終日までに、私はさらに五つの助成金、合計金額にして五万ドルを集めた。まだあと一〇万ドル必要だ。

この年の四月に、私はカレン・グリーンバーグから電話をもらっていた。カレンはジョージ・ソロス財団のオープン・ソサエティ・インスティテュートの代表だった。当時彼らは、民主主義を推進する国際的なプロジェクトだけを支援していた。元イェール大学の教授であるカレンは、『ファイ・デルタ・カッパン』誌に掲載されたリンダ・ダーリン - ハモンドの論文を読み、欠陥の多い内容に憤りを感じて、何か力になりたいと電話をかけてきたのだ。

私が資金の問題を話すと、カレンはオープン・ソサエティを通じて助成金が出せるか検討してみると言った。国内のプロジェクトにも資金提供を始めることを計画しているということだった。そして、ついにカレンは、私たちが残りの金額を調達できるならば、七万五〇〇〇ドルを提供すると言った。リンダ・ダーリン - ハモンドが私たちをつぶそうとした論文が、不思議なことに私たちを救ったのだ。こうなると、あと残すは二万五〇〇〇ドルだ。

だが、私にはまったく当てがなかった。もう最後の一滴までしぼりとってしまった。

私は非営利の世界の仲間に電話をかけた。そのなかの一人が、シェア・アワ・ストレンクスという飢餓救済組織の創設者、ビル・ショアだった。ビルはエコーイング・グリーン財団に連絡をとり、もう一度だけ資金を提供してくれないか、と頼んでくれた。会議の最終日の正午に、エコーイング・グリーン財団のトップであるエド・コーエンが私に電話をかけてきて、二万五〇〇〇ドルを約束してくれた。

私はだれかにこのことを伝えようと、カフェテリアに下りていった。地域ディレクターたちが、一つのテーブルに集まっていた。私は「たったいま、助成金が全額集まった」と言った。拍手が起こった。彼らは立ち上がり、笑い、喝采し、叫んだ。とうとうやったのだ。

会計年度の最終日である一九九五年九月三〇日、コーポレーション・フォー・ナショナル・サービスが確約した助成金、一〇〇万ドルが送られてきた。約束どおり、私たちはこの年度を黒字で終えた。ほんとうに、収入が支出を上回ったのだ。まるで、この世界ほどの大きさの荷物が、肩から下りたような気がした。

その翌週、社内のニューズレターのコラムで、並外れたスタッフ全員に向けて、その理解と柔軟性、そして「財源がないにもかかわらず、従来よりも優れた成果をあげたこと」を感謝した。ファイナンス・チームについては、彼らの「強さと忍耐力、信念、ユーモアのセンス」に言及し、とくに謝意をあらわした。私は続けてこう記した。

「全員が懸命に働き、耐えてきたおかげで、私たちは今日、新しい時代に突入しました。この先にある課題も、これまでに克服してきた課題と同様に大きいものでしょう。ですが、これからの課題は新しい組織をつくるためのもので、次の賃金支払いのために四苦八苦するためのものではありません」

ここまでの何年かで私が行った選択に関しては、あまり後悔することはできない。当時の私が私であったことからは逃げられないし、そのときの経験があったからこそ、いまの私なのだ。仮に、新しいアイディアを実行に移す前に資金を確保する必要があると当時から認識していたとしたら、そもそもティーチ・フォー・アメリカは誕生していなかっただろう。

私の立場から見ると、私たちは常に正しいことをやろうとしてきた。問題に対しては、相手の立場に立って真摯に対応した。コープ・メンバーがサポートの必要性を訴えたから、各地で育成プログラムを立ち上げた。この一連の行動は、理事会から資金提供者まで、すべての人から支持された。また、ティーチ・フォー・アメリカだけでは学区が直面する問題を解決できないと気づいたから、私たちは組織的な活動を開始した。ここでも資金提供者たちは支持してくれた。私たちは観察し、話を聞き、対応したのだ。

いま思えば、私の最大の長所は、私の最大の欠点でもあった。世の中での経験が少なかったからこそ、私は大きなアイディアを思い描き、それを執拗に追求していくことができた。だが、成功に不可欠である資金援助や組織能力を確立する方法に関しては、経験がなさ過ぎた。

ここまでの数年間は非常に困難だったが、同時にとても生産的だった。今日まで続いている二つの組織を生み出すことができたからだ。ラーニング・プロジェクトはいまでもダニエル・オスカーが率いており、ニューヨーク市とニュージャージー州でチャータースクール［親や地域の団体などが、州政府や学区などの認可を受けて創設する学校。公的資金を受けて運営される。独自の理念や教育方針を持つものが多い］を運営している。いずれは国じゅうに学校を開く計画だ。

TEACH!は、いまでは独立の法人組織となっている。一九九七年、ティーチ・フォー・アメリカが安定してきたころ、私はミシェル・リーを雇い、ＴＥＡＣＨ！の新たなビジネスプランを作成するために助成金を確保した。ミシェルは元コープ・メンバーで、ハーバードのケネディスクールを卒業したばかりだった。ＴＥＡＣＨ！が真にシステミックなインパクトを持つためにはコンサルティング会社となるべきだと、ミシェルは考えを固めていた。学区や州政府が効果的に新任教師をリクルートし、選抜し、トレーニングしサポートできるよう、そのための力をつける手助けをするのだ。私たちはこの組織の名前を「ニュー・ティーチャーズ・プロジェクト」と変え、一九九八年にコンサルティングを開始した。

この組織のＣＥＯとなったミシェルのリーダーシップのもと、ニュー・ティーチャーズ・プロジェクトは二〇〇二年までに、全国の学区や州の教育担当部門と二五の契約を結んだ。彼らは、教育専攻の学生のリクルートと育成方法の改善をサポートした。また、若手から中堅の社会人と、さまざまな専攻の新卒者などを対象とした別ルートの高質な採用方法を確立し、ニューヨーク市やワシントンＤＣ、アトランタ、カンザスシティ、カリフォルニア州サンノゼなどの都市に、新任教師の五分の一以上を供給した。ニュー・ティーチャーズ・プロジェクトが初期に結んだ契約のなかには、有名な「ニューヨーク市ティーチング・フェロー」〔社会人をニューヨーク市内での教職にリクルートする組織〕の創設が含まれる。同団体は二〇〇二年に、市内の学業成績の低い学校での二〇〇〇の教職ポジションに対して、一万三〇〇〇通の応募書類を受け取った。

　これまでの年月で、私は重要なことを学んだ。第一に、ティーチ・フォー・アメリカのミッションの力強さだ。当初から私はティーチ・フォー・アメリカのアイディアに確信を抱いていたが、教育における課題の大きさを考えはじめたときに、わき道にそれてしまった。結局、私は戻ってきて、教育における不平等が存在する限りティーチ・フォー・アメリカは不可欠だと考えるようになった。私たちは、今日成長しつつある子供たちを助けるだけでなく、変化を起こそうという思いを持った、民間のリーダーを大勢育成している。このリーダーたちが今後成し遂げるであろうことは、私が新たな活動を形成して達成できることよりも、はるかに大きい。

　また、ニック・グローバーが以前私たちに言ったように、プログラムと資金調達の面のバランスを保つことがいかに重要であるかも学んだ。お金がなければ計画を続けていくことはできない。同時に、限られた資金を何に使うかに関して、戦略的に考えることのメリットも学んだ。資金面でのむずかしい選択を迫られたことで、私たちのプログラムは強化された。

　そして、ここ何年かで学んだなかでおそらくもっとも重要なのは、有能な組織を懸命につくりあげることによってのみ、ミッションを遂行できるということだ。ティーチ・フォー・アメリカは、私がよいマネジャーになる方法を学んで初めて、力を発揮できる。そして私はそのための多くを学んだ。能力のある人たちで私の周りを固め、明確な目標を定めてともに働き、そして彼らの能力を伸ばすことがいかに重要か――。私は、自分がスタッフのどこを評価するかを学び、評価に値する価値を身につけてもらうにはどのような文化をつくればいいかも学んだ。

要するに、私が学んだのは、ミッションを実現しようとするのであれば、理想的なビジョンに加えて、それ以上のものが必要だということだ。最終的には、大きなアイディアは重要だし不可欠だ。だが、それを実行するための基本となる部分に十分に注意を払わなければ、アイディアは実現しない。この教訓を活かせば、この先ティーチ・フォー・アメリカをさらに強化していくことができるだろう。また、有能なコープ・メンバーや卒業生はどうしたら誕生するのか、そして、すべての子供たちが真の力を発揮できるような教育システムを立ち上げるには何が必要かを考える際にも、この教訓を活かしていくことができるだろう。

# 08

## 上昇軌道

Upward Spiral

私たちの六回目の学年度である一九九五年の秋までに、二世代のスタッフがティーチ・フォー・アメリカにやって来ては去っていった。まず、一年目と二年目に、ティーチ・フォー・アメリカの創設に関わった人々がいた。その多くが、最初は半年間だけ働くつもりで来たが、結局二年から四年ほど在籍した。第二世代は四年目と五年目の展開に参加し、その多くが別の仕事へと移っていった。

創設期に重要な役割を果たし、その後の困難な年月も一緒に仕事をしてきたのはリチャードだけだったが、一九九五年の秋、ティーチ・フォー・アメリカの存続が確実になったとき、彼も退職して、教育の改革をめざす企業に就職した。

リチャードが去って数日は少し寂しかったが、すぐに私は強力なリーダーたちに囲まれた。彼らの多くは、もっとも困難だった時期にスタッフになった人たちだった。私たちは共通の思いで固く結ばれていた。「二度とあのようなストレスを味わわないこと」だ。私たちは、ティーチ・フォー・アメリカを安定的で繁栄した組織にするのだ。

初期のコープ・メンバーだったアイリス・チェンが、プログラムのバイス・プレジデントのポジションについた。アイリスはコープ・メンバーだった当時、ティーチ・フォー・アメリカのあらゆる問題について論じた、長い手紙を書いて寄こした。私はその問題を解決してほしいと言って、彼女を招いたのだ。

二四歳のアイリスは、全米のコープ・メンバーのリクルートと選抜、トレーニングとサポートを監督することとなった。彼女は直接・間接に、四分の三のスタッフの上司となった。普通の人であれば、大学を出て三年しか経っていなかったら、そうした仕事には尻込みするだろう。だが、幸いなことにアイリスは普通の人ではなかった。彼女は単球増加症［白血球のうちの単球が増加する病気］にかかりながら、一九九七年のニューヨーク・シティ・マラソンを走った。私たちの行動基準に対する思い入れが非常に強く、ボーイフレンドを選ぶのにもその基準を使ったほどだ。彼女は組織の問題を、長く詳細なレポートに、完璧な文章で完璧にロジカルにまとめて、解決しようとした。それを受けて、三年後に彼女が退職するときには、同僚たちは彼女のティーチ・フォー・アメリカでの業績を二三ページのレポートにまとめた。

アイリスが一緒に仕事をしたメンバーには、スターがそろっていた。やはり初期のコープの献身的なメンバーであったカロリン・ベルチャーは、三年連続で養成研修を運営した。これは記録だった。養成研修のディレクターはほんとうに大変な仕事で、彼女の五人の前任者たちは、みんな一年で辞めていたからだ。ジュリアン・ジョンソンは資金調達の分野で二〇年の経験を持つベテランだが、ティーチ・フォー・アメリカのエネルギーにあふれた若い文化にも交わっていた。クリスティーン・セルモはプリンストン大学の卒業生で、最初は臨時のデータ入力者として二年目から加わった。だが、非常に献身的で細部にも注意を向けられることから、リチャードが退職した年に、コミュニケーション担当のバイス・プレジデントとなった。

地域のオフィスも、才能豊かなスタッフに恵まれた。グレッグ・グッドは元コープ・メンバーで、ブラウン大学ではフットボールの選手だった。映画スターのようなルックスとカリスマ性、生きることへの愛を兼ね備え、ロサンジェルスのオフィスを束ねた。ボルチモアにはロジャー・シャルマンが、ニューヨークにはエリック・ヴァインガルトナーがいた。このたくましい二人も元コープ・メンバーで、暖かい人柄だった。二人のおかげでティーチ・フォー・アメリカは優しく楽しい組織になった。ララ・セラーズはスタンフォード大学の卒業生で、コロラド・カレッジの女子バレーボールチームのヘッドコーチを務めていた。彼女はベイ・エリアのオフィスを立て直した。サラ・ウスディンも元コープ・メンバーで、外交的な性格と私たちのミッションへの熱い思いにより、ルイジアナ州政府や企業の高官からの支援を獲得した。ほかにも、さまざまな人たちがいた。みな私たちのミッションに対して情熱を持ち、多くが元コープ・メンバーとして、ミッションがどのように展開されているかを見てきていた。

スタッフを力のある理事会で支えようと、私は多くの企業の経営陣に、会長になってもらえないかと依頼した。だが徐々に、そうした人々は他の組織にもいろいろと関わっていることがわかってきた。不振からの回復期にあるティーチ・フォー・アメリカは、彼らにとってそれほど魅力的ではなかった。やがて二人の企業人が、スー・リーマンが適任だと推薦した。

個人コンサルタントとして、スーはＩＢＭやアメリカン・エキスプレスなどのフォーチュン五〇〇企業や、財団や教育界のクライアントと仕事をしていた。何よりも、彼女はアメリコープの設計に関わり、ニューヨーク市教育委員会に対しては特別支援教育［障害児など教育上特殊な支援が必要な者に対する教育］の改革についてアドバイスを行っていた。さらに、ジョン・Ｆ・ケネディがピース・コープの設立を発表したときミシガン大学の学生だったことも影響してか、スーはティーチ・フォー・アメリカの精神と気風に引き付けられていた。彼女がティーチ・フォー・アメリカを信頼していることはわかっていたし、私たちが求めているような、時間とエネルギーを割いて体を動かす会長になってくれるだろうと思われた。

スーは元気がよくて楽しい人だった。常に活動しており、アイディアとひらめきにあふれていた。私はセントラルパーク・ウエストにあるスーの自宅に行き、理事会を作ってリードするという仕事を引き受けてくれないかと頼んだ。彼女は、自分が適任なのだろうかと迷い、企業の社長などに頼んだほうがいいのではないかと言った。私は、理事会の会長には、ティーチ・フォー・アメリカのミッションのために時間を費やし、つくしてくれる人が必要だと思うようになった、と言った。ティーチ・フォー・アメリカへのこれまでのサポートを考えると、彼女が適任なのだ。スーは検討してみると言った。数週間後、理事会長が決まった。

スーは私とともに、経験豊かな企業人を理事としてリクルートしていった。とくに私たちの組織に必要だった、資金調達と大学生に対するマーケティングの分野で力になってくれる人を探した。私たちが全体の理事会を強化しているあいだ、エグゼクティブ・ディレクターたちは各地で理事会を立ち上げていった。それぞれの地域で資金調達をし、ティーチ・フォー・アメリカの認知度を高め、コープ・メンバーが教室でサポートを得るため力になってくれるような理事会をめざした。

## 組織力の強化

暗黒の歳月から抜け出し、私は組織の内部の問題にもっと力を入れようと決めた。有効なマネジメント・システムをつくることが、ティーチ・フォー・アメリカのミッションを実現するうえでのカギとなると考え、力を入れて取り組みはじめた。

最初はスタッフの強化に時間を割くのは気が進まなかった。だがやがて、どのようにして組織全体に優れたリーダーシップを確立するかを考えるのが、とても楽しくなってきた。私たちの価値観に共感できる候補者を見出すよう、リーダーのポジションの選考プロセスには、以前より深く関わるようになった。行動基準をフレームワークにして、スタッフのどこが優れているか、またどの点をもっと改善できるかを見るようにした。そして、直接のディスカッションを避けるのではなく、進んで行うようにした。私はマネジメント・チームの七人と一三人の地域ディレクターを直接の部下とし、この二〇人の業績評価に非常に多くの時間を使った。私がこうしたことを優先しはじめると、他のマネジャーたちも同じことをした。

私の毎日は、ミーティングでいっぱいだった。マネジメント・チーム七人と一三人の地域ディレクターに対して合計二〇回、年間の目標設定に関するミーティングを行った。予算に関するミーティングも二〇回、中間報告も二〇回、年度末の業績評価も二〇回だ。マネジメント・チームの七人とは、それぞれに週に一回ずつミーティングをし、彼らが目標を達成するうえでの力になろうとした。年に三回、それぞれ一週間ずつ、地域ディレクターとマネジメント・チームを集めて、さまざまな課題に対するベスト・プラクティスを共有し戦略を立てる会議も開いた。

スタッフの多様性を拡大するなど、組織としての活動やプログラムの戦略などに関しては、チーム横断でミーティングを開いた。これまでと同様に、外部とのミーティングもあったし、それに続く手紙や提案書でのフォローアップもした。地域拠点にもよく出かけ、そこでは地域ディレクターが資金調達のためのミーティングや学校訪問、コープ・メンバーとの対話、資金提供者や地域の理事を開拓するためのイベントなどを用意していた。

電話と会議の連続は、通常、夜の八時頃まで続いた。そのころまでには疲れて、頭も冴えなくなる。あと四時間を費やして、効率的に他の仕事をすること――たとえば手紙やレポートを書いたり、ミーティングのアジェンダを作ったりすること――はできなくなる。そこで私は朝の三時から五時のあいだに起きるようになった。午前六時まで仕事をし、三〇分走って、そのあとは夜の一〇時か一一時までひたすら仕事をする。朝起きて、濃いコーヒーを入れ、静かで生産的な時間を過ごすのは、実はとても楽しいということに私は気づいた。

財務状況が落ち着いてくると、私はコープ・メンバーが教えるクラスをもっと頻繁に訪問しようと決めた。私が外に出て、ティーチ・フォー・アメリカがどのように展開されているのかを見て初めて、プログラム面でのリーダーシップを発揮できるということに気づいたのだ。

その後三年間で、私は何百もの教室を訪問した。私は教師たちから多くのことを学んだ（詳しくは一〇章で説明する）。また、ティーチ・フォー・アメリカが与えているインパクトと、満たしているニーズについても、より多くを知るようになった。

比較的初期の訪問の一つに、ミシシッピ・デルタへの訪問があった。一週間の訪問で、毎日一人ずつ、異なるコープ・メンバーが案内してくれた。月曜日の夜に現地に到着すると、私は三人のコープ・メンバーが借りている家へと車を走らせた。そのミシシッピの田舎にあるほとんど家具のない家には、二〇人ほどのメンバーが集まっていて、私を迎えてくれた。コープ・メンバーはこの家によく集まっているようだった。ある部屋には唯一の家具として、コピー機が置かれていた。本格的な、高さ一二〇センチほどの機械で、ティーチ・フォー・アメリカが借りて、コープ・メンバー全員で使うようにしたものだ。

この家で私は「ここの風景の一部だけでも、世界に見せたい」と思ったことを覚えている。そこでは、はきはきした、エネルギーに満ちた新卒者たちが、国じゅうでもっとも無視されている地域で教えることについて、その試行錯誤や成功例を熱心に話していたのだ。

ここでの一週間で、私はミシシッピ州とアーカンソー州の八つの地域にある、一九の学校を訪問した。私は、コープ・メンバーが数学やフランス語、歴史、美術、英語、科学を教えるのを見学した。小学校も中学校も、高校も見学した。コープ・メンバーの生徒やその親たちは、彼らが抱える課題や目標、学校や教師に対する見方などを私に話した。校長とベテランの教師たちは、ティーチ・フォー・アメリカの役割と、コープ・メンバーが学校にもたらしたものについて話した。

持ち寄り形式の夕食会を二回開いたが、そこでコープ・メンバーは自身の経験や考えを聞かせてくれた。この訪問で私は、ミシシッピ・デルタのコープ・メンバーに対して、大きな尊敬の念を抱いた。彼らは、私がそれまで会ったなかで、もっとも勤勉で、もっとも情が深く、もっとも献身的な人々だった。

数カ月後、私はルイジアナ州に同様の訪問をした。そこでは、バトンルージュ、ニューオリンズ、イースト・セントジョンズにある学校や、南部の農村地域にある学校を訪れた。ルイジアナは、ティーチ・フォー・アメリカが特別支援教育のクラスに教師を派遣している、数少ない場所だった。若干の心もとなさは感じていた。特別支援教育において有能な教師となるには、もっとトレーニングが必要だと私たちは考えていたのだ。だが学区側は、この重要な分野で私たちが力となることに、徹底的にこだわった。イースト・セントジョンズで訪問した学校では、六人の特別支援教育の教師全員が、ティーチ・フォー・アメリカの教師だった。

イースト・セントジョンズの別の学校では、一〇人のコープ・メンバーが、行動障害のある生徒たちを普通クラスに参加させるための新しいシステムを開発し、導入していた。あるコープ・メンバーはコンピュータを一台確保し、他のコンピュータとネットワークを結びたいと考えた。彼らが指導を行っていたトレーラーからメインの校舎にネットワークを結ぼうとしたところ、校長はこれを「コンクリートの歩道を壊すことになるから」と言って認めなかった。すると二人のコープ・メンバーが、コンクリートの歩道の下にケーブルを通せるように穴を掘った。これによってコープ・メンバーは、特別支援教育において必要とされている、生徒個々人の教育計画をコンピュータで管理できるようになった。また、そのためのソフトウェアの購入にかかる一万五〇〇〇ドルの支払いを学区が承認しなかったので、コープ・メンバーは情報を集め、すべての学区がまさにその目的のための資金を連邦政府から受け取っていることを発見した。そしてこの情報を示すことで、彼らは資金を獲得した。コープ・メンバーはその学校の教師八〇人のうちのわずか一割強を構成しているに過ぎなかったが、課外活動の四〇%を運営していた。サッカーチームを立ち上げ、コカコーラが提供するコンテストで勝ち抜いたことで、五〇人の生徒をスーパーボールに連れて行った。

リオグランデ・バレーへの訪問でも、同様の経験をした。ある学校では、一人のコープ・メンバーが小学三年生に対して、「二年生に本の読み方を教える方法」を教えていた。彼女は「積極的な聞き手」になる方法や、相手のことを考えて質問をする方法などを説明した。私は三年生が彼女のアドバイスに従っているのを見て驚いた。部屋じゅうで、小さな子供たちが二人ずつペアになって、二年生は三年生を見上げ、三年生は一生懸命に自分の「生徒」を教えようとしていた。


私は元コープ・メンバーのリリアン・ケサダも訪問した。彼女はリオグランデ・バレーで教職に就いて、四年目を迎えていた。私がそこにいた三〇分のあいだ、一人の幼稚園生がその日のリーダーをつとめていた［アメリカでの幼稚園（kindergarten）は日本のそれとは異なり、五～六歳の子供が一年生に入る準備のために通う学校を指す。通常、小学校に併設されている］。リリアンがギターを弾き、それに合わせて幼稚園生たちは、いつも歌っているというアルファベットの歌を歌った。リーダーは、クラスに男の子と女の子が何人いるかを数え、その日の日付と曜日を英語とスペイン語で言った。

リリアンに、どういう目標を設定しているのかとたずねると、彼女は「目標は時間とともに変化してきた」と言った。彼女の義理の弟も、リオグランデ・バレーに来て私立校で教えていた。弟の学校では幼稚園生が年度の終わりまでに文章を読めるようになると聞くと、彼女は同じことをする必要があると考えたという。

リリアンが言ったことを参考に、私たちはコープ・メンバーに対して、自分たちの目標を、優れているとされている学校の生徒のレベルと比較するよう勧めるようになった。高い目標を設定する文化を育むうえで、これはよい方法だった。

またリオグランデ・バレーでは、高い能力があると思われる子供たちに進学の予定がなく、コープ・メンバーはいらだちを覚えていた。そこで彼らは出かけていって親たちに会い、大学とその進学準備について教えた。この訪問で私が会った校長たちは、例外なくコープ・メンバーをほめちぎった。ある校長はこう言った。

「コープ・メンバーはだれよりも早く学校に来ていますよ。これまでとは違うやり方ができるとわかっているから、とても自信を持っているようです。実際、彼らは別の地域の出身なので、私たちに必要な、異なる視点を提供してくれています」

こうした訪問により、私たちはさらに信念とエネルギーをもって仕事を遂行していくべきだと、私は確信するようになった。なぜなら、ティーチ・フォー・アメリカがうまく機能しているだけでなく、ティーチ・フォー・アメリカに対するニーズが非常に大きいからだ。

フェニックスでは英語を話さない家族が移民として定常的に入ってきており、それによって生じるニーズにどう応えるか、学校側は苦労していた。一見うまくいっていそうな中学校でも、中学一～二年生の読解能力が小学二年生程度のレベルだった。一九九八年の春にミシシッピ・デルタを再度訪問すると、ティーチ・フォー・アメリカに対する同様に大きなニーズを感じた。学年度がスタートしても、コープ・メンバーが働いている一五の学校では、まだ一〇〇人以上教師が不足していた。ミシシッピ州チュニカ郡の学校の監督官の話では、チュニカでは高卒者が教師として普通に採用されているという。

ティーチ・フォー・アメリカが学校で即座にインパクトを生み出すのを見てきたが、同時に私は全国の訪問を通じて、長期的なインパクトも垣間見ることができた。

私はあるコープ・メンバーの両親が主催するパーティで話をするため、テキサス州オースティンを訪ねたことがある。私たちはオースティンにいるコープ卒業生にも、パーティに出席するよう声をかけた。自己紹介の時間になると、彼ら一人ひとりが、人生においてもっとも大きな影響を受けたのはティーチ・フォー・アメリカでの経験だと言った。

アーティ・シンはティーチ・フォー・アメリカがなければ教育には関わっていなかったと言い、テキサス大学の大学院で行っている研究について説明した。彼女の研究は、学校教育での技術活用の拡大に焦点を当てたものだった。

スザンヌ・リンは、ティーチ・フォー・アメリカでの体験がきっかけで、オースティンの少年少女クラブのエグゼクティブ・ディレクターになったと語った。テキサス大学で公共政策を学んでいるエベレット・フォルクは、ティーチ・フォー・アメリカがあったから、地域開発にフォーカスすることを決めたと言った。

スティーブ・レディはリオグランデ・バレーからオースティンに移り、教職に就いて六年目だった。彼はリオグランデで教えていた生徒の一人、フアン・オロスコを連れて来ていた。フアンはオースティンにあるセント・エドワード大学に通っており、三年後にはティーチ・フォー・アメリカに応募するので、見ていてほしいと言った。

その部屋に集まった一〇人ほどの卒業生を見て、ティーチ・フォー・アメリカの卒業生は国の資産となりつつあると感じた。テキサス大学の大学院に進学している人や、教育分野で働いている人が多かった。ダン・デイビスは、キーカー小学校の副校長で、ベン・クラマーはヒル小学校の副校長だった。ダン・バークリーは、三人のメンバーと一緒に新しい中学校を作ろうとしていた。

ティーチ・フォー・アメリカの歴史はまだわずか九年ほどなのに、アメリカの中規模都市でその影響力が見られることに、私は驚いた。しかも、そこはティーチ・フォー・アメリカがコープ・メンバーを配置していない都市なのだ。ティーチ・フォー・アメリカは、全国の地域社会に、知識豊かで、学校や地域社会の改善に取り組む市民を供給している。私はオースティンで、その事実を目の当たりにしたのだった。

## 資金の増加

強力な地域ディレクターが、本部スタッフのサポートを得ながら資金調達目標の達成に取り組んだことにより、私たちの資金調達活動は上向いた。一九九六年には、運営費用に加えて、長期負債となっていた六六万ドルもカバーすることができた。地域ディレクターは設定した目標を上回り、予算の半分にあたる三〇〇万ドルを調達した。コーポレーション・フォー・ナショナル・サービスからは一二五万ドルを受け取った。残りの一五〇〇万ドルは、企業や財団、個人から寄付された。

一つの成功は別の成功につながる。

財政状態が上向きはじめる直前に、私はエディスとヘンリー・エベレット夫妻に初めて会った。六五万ドルを集めようとしていた、あの苦しかった夏のことだ。二人はニューヨーク市に住む素敵な慈善家の夫婦で、自分たちの資金を、国内の緊急性の高い社会問題と戦うために使おうと決めていた。あのころは、長い付き合いのある支援者たちでさえ私たちの財務的な安定性を疑問視していたのに、エベレット夫妻はすぐに支えとなってくれた。夏の旅行先から私に電話をくれ、資金援助を約束してくれたのだ。

今回面談を申し込んだのは、私たちの組織の継続性を確保するための寄付をお願いし、また私たちが財務的に新しい時代に入ったことを伝えるためだ。昼食をとりながら私は夫妻に、一〇〇万ドルの寄付を検討してくれないだろうかとたずねた。ヘンリーは、そんな大胆な提案をする勇気が出せたことに対して、おめでとうと言った。二～三週間後、ヘンリーは電話で一〇〇万ドルの寄付を約束してくれた。

そしてふたたび、私たちは目標よりも多い金額を調達することができた。地域オフィスの資金調達活動はさらに好調で、一九九七年度は再度、黒字で終えることができた。その一部を運営準備金として積み上げ、一部をずっと先延ばしになっていた新しいコンピュータの購入に充てた。

また、何年ものあいだ私たちは、無償提供されたオフィスから別の無償提供のオフィスへと移動してきたが、ようやく恒久的なオフィスを借りた。それはニューヨークのガーメント地区の八番街と九番街のあいだ、三六丁目にあった。私たちはそのビルの最初の入居者だった。壁をぶち抜いて、コンクリートの床の上にファイバーボードのパーティションを置いて仕切りとし、壁をペンキで白く塗った。

引越しから数カ月後、プロクター・アンド・ギャンブルのCEOであるジョン・ペッパーが私たちのオフィスに来て言った。

「ひとつ、分かったことがある。君たちはオフィスに無駄なお金はまったく使っていないようだね」

あまりにも質素すぎると感じる人がいたかもしれないが、このオフィスは私たちのオープンな文化と理想を強化するのにはうってつけだと、私は考えた。私たちがフォーカスするのはミッションであって、仕事の環境ではない。

財務状況が変わったことにより、皆がクリエイティブに考える時間も増えた。その結果生まれたのが「ティーチ・フォー・アメリカ・ウィーク」というイベントだ。毎年の秋のある一週間、私たちは何百人もの成功したアメリカ人を招き、コープ・メンバーが教えるクラスで話をしてもらう。私たちはこのアイディアを、天才的なひらめきだと思った。このイベントにより、全国の影響力のある人々に私たちのミッションを知ってもらうことができ、同時にメディアの注目も集められる。そして、講師となるゲストは、教えた生徒に前向きなインパクトを与えられる。コープ・メンバーが事前に予習の授業をし、ゲストが去ったあとにもう一度復習するのでなおさらだ。

一九九七年の秋に、最初のティーチ・フォー・アメリカ・ウィークを実施し、一五〇人の成功したアメリカ人に参加してもらった。参加者には次のような人がいた。クリントン政権で保健福祉省長官を務めたドナ・シャララ、元国務長官のジョージ・シュルツ、俳優のアンドリュー・シュー、元ニュージャージー州知事のトム・キーン、クリントン政権の主席報道補佐官、ジョージ・ステファノプロス。

理事会のメンバーであり、パラマウント映画グループのCEOであるシェリー・ライジングは、ヘンリー・キッシンジャー［ニクソン政権とフォード政権で大統領補佐官、国務長官を歴任した政治学者。ベトナム戦争の和平交渉への貢献で、ノーベル平和賞を受賞］に参加を勧めた。彼はニューヨーク市で月曜日の朝一番に講義をすることになった。

その日、時刻が近づくにつれ、私はキッシンジャー博士と生徒が楽しんでくれるだろうかと心配になった。もしかしたら、それほどいいアイディアではなかったかもしれない、と思った。だが、ニューヨークの第一六四中学校に定刻に到着すると、校長室でキッシンジャー博士が小さなドーナツを食べながら、ニューヨークのエグゼクティブ・ディレクターのカミ・アンダーソンとしゃべっていた。それを見て、私の心配は消えた。

キッシンジャー博士は一クラスの予定を延長して二クラスで話した。ユダヤ人が迫害される直前にドイツから逃げ出したことや、ワシントン・ハイツにあるその中学校からわずか数ブロック先の狭いアパートに引っ越したこと（博士の九七歳のお母さんはまだそこに住んでいる）、英語がまったく話せなかったが、生き延びるために短期間で学んだことなどを話した。彼は生徒たちに、ノーベル賞を受賞するとはどんな感じか、国務長官になるとはどんなことなのかを話した。キッシンジャー博士は生徒一人ひとりにほんとうに興味を示し、それぞれの名前と出身地を尋ねた。

「ＤＲだって？　どういう意味だい？　ああ、ドミニカ共和国（Dominican Republic）か。よく知っているよ。仲のいい友だちがいるから、毎年行くんだ。オスカー・デ・ラ・レンタ［有名なファッション・デザイナー。ドミニカ共和国出身］は知ってる？　彼と一緒に、クリスマスを祝いに行っているんだよ」

子供たちはほんとうに楽しんでいた。キッシンジャー博士もだった。彼は、また来ると言った。

「年に二回か四回くらいね」

このイベントは私たちにとっても成果があった。キッシンジャー博士はオプラ・ウィンフリー［アメリカのテレビ司会者。人気トーク番組「オプラ・ウィンフリー・ショー」の司会を長年務める。資産家としても知られる］を熱心に説得して、翌年参加させた。理事会のメンバーの一人は、当時ＡＴ＆Ｔの社長だったレオ・ヒンデリーを招いた。彼はティーチ・フォー・アメリカ・ウィークが、彼にとってその年のハイライトだったと手紙をくれ、五〇万ドルの助成金を提供してくれた。さらに翌年は、三〇〇万ドルを約束してくれた。『タイム』誌の編集長であるウォルター・アイザックソンも講義をし、その後理事会にも参加してくれることになった。

ほかに参加した人たちには、フットボールチームのニューオリンズ・セインツのヘッドコーチであるマーク・ディトカや、プロ・バスケットボール選手のレベッカ・ロボ、クリントン政権の報道担当官マイク・マッカリー、朝の人気ニュース番組「トゥデイ・ショー」の天気予報官のアル・ローカー、ワシントンDC市長のアンソニー・ウィリアムズ、ロサンジェルス市長のリチャード・リオーダンなどがおり、コンチネンタル航空、アメリカン・エキスプレス、ゼロックス、モービル石油、ヒルトンホテルのCEOも参加した。

上昇軌道だった。一九九八年、一九九九年、二〇〇〇年も黒字だった。余った資金は、予期せぬ下降局面を切り抜けるための運営準備金として積み立てた。助成金は増えていった。私たちは、予算を増やしても大丈夫だと自信を持った。給与を市場の水準に近づけ、地域オフィスのスタッフを増やし、本部のコミュニケーション・チームを拡大した。コープ・メンバーが勤務地に移動するのを助けるため、資金援助プログラムも再開し、リクルート・チームの旅費と広告費を増やした。

## プログラムの改善

財政面を進展させる一方で、コープ・メンバーの能力強化も始めた。養成研修を改善するため、複数の成果基準を作った。生徒たちの学業成績に影響を与えるために、研修の終わりまでに何をマスターしているべきかを定めた基準だ。この基準と照らし合わせて、講師陣に責任をもって研修を進行してもらうようにした。講師陣が基準を達成するために、私たちは成功へのロードマップとなるような新しいカリキュラムを開発した。これまでのように、指導戦略やクラス管理など、バラバラな内容をただ単に提供することはやめた。研修は目覚しく改善した。コープ・メンバーの研修に対する満足度が大きく高まったのが、その証拠だ。ただし、最後の章で記すように、まだまだ完成とは言えない。

実際に教師として仕事をしはじめたコープ・メンバーたちに対するサポートも、改善しようと動いた。ここでも私たちは業績基準を導入し、ベストプラクティスを促進し共有することで、地域オフィスが基準を満たすよう活動しはじめた。地域オフィスは、一対一の対話や小グループでの議論、全体での会議などを通じて、コープ・メンバーが高い目標を維持するよう励ました。また、これまで大きく成功したメンバーたちがやってきたように、学校内の人たちや地域と接触することで能力を伸ばすよう、コープ・メンバーに勧めた。コープ・メンバーがより多くのサポートを得られるよう、私たちは彼らを学校内で集まらせ、校長たちと強い関係を築き、教育学部とも新しいパートナーシップを結ぶようにした。

年に二回のコープ・メンバーに向けてのアンケートで、私たちの仕事についてのデータを集めた。そして、スタッフがそのデータを活かして、どこをどう改善できるかを検討した。コープ・メンバーがこの国でもっとも大変な教育環境のなかで仕事をし、並々ならぬ困難な課題に直面しているという状況には変わりなかった。だが、彼らは提供されるサポートに対し、満足度を高めていった。

大きく歩を進める一方で、私たちにはこれまでにない混乱も生じた。リクルートの予算を大幅に削減したことにより、当たり前ではあるが、応募者数が史上最低となったのだ。一九九六年の最後の応募締め切りが近づいても、応募者数は二〇〇〇人にも満たなかった。そのうち、白人以外の応募者の割合は、四六％から三七％に低下していた。

私はひどく沈んだ。ようやく財政問題を解決したのに、大学生はティーチ・フォー・アメリカへの興味を失ってしまった。私はそう思った。あるいはティーチ・フォー・アメリカのおそらくもっとも重要な側面――私たちのムーブメントに参加するリーダーたちを引き付けること――に、わずかしか力を入れないという間違いを犯したのだ。初年度以降、私はプログラムのこの側面を軽く見るようになっていた。

私たちはすぐに行動に移った。入学審査ディレクターで、元コープ・メンバーでもある活動的なカヤ・ヘンダーソンとアイリスが、翌年に向けてリクルート数を上昇させるべく動きだしたのだ。私たちは組織の別の分野で学んだことを応用して、リクルート活動を立て直した。これまではニューヨークの本部で戦略を決めて、そこから八人のリクルーターを各地の大学に派遣していたのだが、それをやめて、代わりにリクルート・オフィスを地域別に三つ設立した。私たちは各オフィスのディレクターを任命し、それぞれの地域で何人の応募者と何人のコープ・メンバーを獲得するか、目標を設定させた。そして、目標達成のためにどのようにチームを結成し、どのような方法をとるかは彼らに任せた。こうした方法をとることで、よいリクルーターが集まり、彼らの責任範囲が大きくなり、起業家的なエネルギーを発揮してもらうことができた。

リクルート担当のスタッフは、影響力のある大学教員や事務官などと関係を構築しはじめた。また、大学生やコープ・メンバーや元メンバーなどのボランティアも動員し、ティーチ・フォー・アメリカの存在感を高めるため、ポスターを貼ったり、チラシを配ったり、学生組織を訪ねたり、学内新聞の編集長に手紙を書いたり、インフォメーション・セッションを開いて話をしたりした。

加えて、私たちはウェブサイトを立ち上げ、リクルートのためのビデオを製作した。［現在のウェブサイトhttp://www.teachforamerica.org/でも、コープ・メンバーの活動の様子など、さまざまなビデオを見ることができる］

本部の理事会の力を借りて、私たちは新しい国家奉仕の広告キャンペーンを打った。そのデザインは、当時最大手のダイレクト・マーケティング会社だったワンダーマン・ケイトー・ジョンソン（現ワンダーマン）が担当した（スー・リーマンは、ワンダーマンの当時のCEO、ミッチ・クルツをティーチ・フォー・アメリカの理事会にリクルートした）。理事会のメンバーで『タイム』誌の発行人だったジャック・ヘアーは、その広告を掲載することに同意し、他の出版社にも掲載を呼びかけた。

応募者数は一九九七年には二五〇〇人になり、一九九八年には二七五〇人に、一九九九年には三〇〇〇人、二〇〇〇年には四一〇〇人になった。この間、採用市場での競争がどんどん激しくなっていったにもかかわらず、この数字を達成したのだ。

このような形で、プログラムの各側面を検討し直すのは大変な作業だった。アイリスは週末の二日は休んだが、一日一八時間、ティーチ・フォー・アメリカで熱中して仕事をした。私はまだ、彼女が二〇センチの厚さのファイルと、解決すべき問題の長いリストを抱えて、ミーティングをしよう私のオフィスに入ってくる気がする。だが、それだけの努力をした効果は十分にあった。

## より強い組織へ

資金調達とプログラムの改善での成果に加えて、もっとも大きく変わったのは私たちの組織の文化だった。スタッフは各自の仕事に、より主体的に取り組むようになった。目標を達成するため、フィードバックを求めるようになった。組織としての成功に、より大きな責任を感じるようにもなった。

またスタッフは、ティーチ・フォー・アメリカを「運営がうまくいっている組織」としてとらえ始め、そのように人と話すようになった。これは、八年前は言うまでもなく、三年前と比べても天と地ほどの違いだった。

その結果、これまでスターだったスタッフが大学院進学や教職や他の仕事に就くために退職していった一方で、もっと才能の豊かな人たちを採用できるようになった。アイリスがハーバードで法学博士とMBAを取得するため退職すると、その後任にジェリー・ハウザーが入ってきた。彼は初期のコープ・メンバーで、その後イェール大学のロースクールを卒業し、コンサルティング会社のマッキンゼーで二年間アソシエイトとして働いていた。ジェリーは非常に大きな戦力となり、一年後にはCOOとなった。

「暗黒の年月」の終わりごろにティーチ・フォー・アメリカを取り巻いていた悲観的な空気は消え、活発で明るい雰囲気になってきた。そして、組織のなかの前向きな空気は、外にも流れ出した。


二〇〇〇年の春、私はビル・クリントン大統領に招かれ、さまざまな分野の若いリーダーたちの夕食会に参加する機会を得た。夕食会は、私たちがそれぞれ懸念している問題に関して意見を述べることから始まる予定だった。私は教育について話すことになっていた。

夕食会の日は、クリントン大統領がコソボへの爆撃の意向について発表する日だった。到着すると、「大統領は八時にテレビ演説をし、その後すぐに来ます」と言われた。私たち二五人から三〇人ほどは、ホワイトハウスのステートルームに座り、大統領のスピーチをテレビで見た。五分後、大統領が入ってきて、私たち一人ひとりと握手をし、夕食の席についた。

私は与えられた三分間で、この国のもっとも恵まれない地域で――ロサンジェルスの中南部からミシシッピ・デルタ、ワシントンDCの南東部まで、あらゆる場所で――、子供たちや学校とともに活動していることを話した。「そのような地域の子供でも、裕福な地域出身の子供たちと同じ土俵に立つことが絶対に可能です」。私はそう言った。「ただ、すべての子供たちが成果をあげる機会を得るためには、志と能力を持ったリーダーたちを鼓舞し、貧しい地域に関心を向けさせる必要があります」

私がこうしたことを言っているあいだじゅう、大統領は力強くうなずいていた。

ゲスト全員の話の最後に、ティンバーランド社長のジェフ・シュワルツが質問した。

「若い人々のために真に変化を起こすには、私たちはどこにエネルギーを向けたらいいと思いますか」

クリントンは立ち上がって言った。

「ほんとうの解決策は、コップさんが言ったことのなかにあります」

その後、二時間続いたディスカッションでは、話がたびたびティーチ・フォー・アメリカやコープ・メンバーに戻ってきた。

私はクリントン大統領から一メートルほどのところに座っており、こんなことが現実に起こっていることに驚いていた。補佐官が他国のリーダーからの電話が来たと呼びに来ると、クリントンは「ちょっと待っていてください」と言い、すぐに戻ってきた。その後クリントンは、私たち全員を連れてホワイトハウスを案内してくれた。私たちは魔法にかけられたようだった。午後一一時四五分、何回かの他国のリーダーからの電話による中断と、大統領自身からの何十もの逸話のあと、私たちは高揚してホワイトハウスをあとにした。

クリントン大統領の対人スキルとすばらしい才能を直接見ることができたのは、とても貴重な経験だった。そして私にとっては、この夜が物語っていることを考えると感動的だった。ティーチ・フォー・アメリカは、ここまで来られたのだ。他のゲストの一人が、後日メールをくれた。

「やってきたことが認められましたね」

# 09
## ティーチ・フォー・アメリカの評価
Taking Stock

二〇〇〇年の五月に、一〇〇〇人近いティーチ・フォー・アメリカのコープ卒業生が、コロンビア大学のキャンパスで開かれた一〇周年記念卒業生サミットに集まった。

教育の分野で働いているかどうかにかかわらず、彼らはふたたびお互いに心を通わせあい、ティーチ・フォー・アメリカのビジョンを再認識した。まず、著名な教育改革者や、子供に関わる仕事をしている人たちがスピーチをした。その後、卒業生たちは一四の分科会に分かれてディスカッションした。分科会のトピックは、経済開発から教育用のテクノロジー、地域社会の構築や教育におけるビジネスの役割まで、さまざまだった。

分科会のパネリストの多くがコープ卒業生だった。「卓越した指導方法を身につける」という分科会では、いまも教職についている卒業生が、生徒への指導で成功するための戦略や、教えることへの愛をよみがえらせる方法などを語った。「社会起業を通じて変化を起こす」というテーマのディスカッションでは、非営利団体を立ち上げた卒業生がその課題と成果について詳しく述べた。別の分科会では、子供たちの利益のために法律を用いるという考え方を、卒業生が説明した。

私は公衆衛生についての分科会の後ろのほうに座った。コープ卒業生でハーバードのメディカルスクールに通うジェレミー・タッカーが、三人の卒業生によるディスカッションの進行役を務めていた。三人のうち一人は、ウィスコンシン州で喫煙防止運動の資金二三〇〇万ドルの割り振りを監督しているデビッド・ガンダーソン、一人はイリノイ州全域の何百もの学区や警察、地域組織で、暴力防止活動の技術的なサポートをしているマリー・マレー、もう一人はボルチモアの中心部にある四つの緊急治療室で研修医として働いているキンバリー・シングルタリーだった。キンバリーは緊急治療室で、かつての教え子やその家族を治療することが多いと話していた。続いて私は、学校でのリーダーシップについての分科会に最後のほうだけ参加した。そこでは、校長となった卒業生たちが、彼らの目的、成功や失敗について語っていた。

日々各地に出かけていると、優れた実績を挙げているコープ卒業生に出会う。さらに今回のサミットでは、数多くの優秀で情熱的で、アメリカの忘れられた地域を強化しようとしている人々に囲まれ、私は勇気を与えられた。ティーチ・フォー・アメリカは、ほんとうに成果を挙げている。

私たちは、公共心を持った若い人たちが、時間とエネルギーを捧げて理想を実現するきっかけとなってきた。定められた二年間だけでなく、その後もずっと、彼らはアメリカの貧しい子供たちが直面する不利益の、根本的な原因を解決しようとしている。

理事会の一員であり、キャピタル・リサーチ・カンパニーの上級副社長であるグレッグ・ウェントが、分科会の合間に私を呼び止めた。彼は「ティーチ・フォー・アメリカのパワーをいま心から理解した」と言った。優れた教師を生徒のもとへ届けるという考え方に、彼はそれまでも共鳴していたのだが、サミットでは卒業生たちの力に驚いたという。

「ほんとうにすばらしい人たちだ」と、彼は何度も言った。「ほんとうに力強い」

## すぐに現れる効果

最初の一〇年で、三万人以上がティーチ・フォー・アメリカの一員になるべく応募してきた。最終的に選ばれ派遣された人たち——サミットの時点で五〇〇〇人以上——は、応募の時点ですでにリーダーシップを発揮し、成果をあげている人たちだった。八五%がキャンパスでリーダーとしての役割を持ち、平均ＧＰＡ［成績評価平均値。ＡＢＣＤＦの五段階評価を点数化し平均したもの。すべての科目でAをとった場合GPAは四、すべてBだとGPAは三になる〕は三・四近辺と非常に高く、平均のSAT〔アメリカで大学を受験する際に受ける共通テスト。数学と英語の二科目で満点を取ると一六〇〇点〕スコア（自己申告・入学許可を得たスコア）は、一二五〇点だった。コープ・メンバーの構成は多様で、二〇〇〇年では四一％が白人以外、二〇％が数学、科学、工学の専攻だった。

コープ・メンバーは新しい環境に適応せねばならず、低所得地域で有能な教師となるために、多くを学ぶ必要があった。それにもかかわらず、彼らは抜きんでていた。校長たちは彼らをとても気に入り、競うようにして雇った。一〇年目になると、いくつもの印象的なエピソードを耳にするようになった。とくに、長年にわたり数多くのコープ・メンバーを派遣できた場所や、「コープ・メンバーが学校の力を大きく伸ばした」と校長たちが言った場所で、そうした話が聞かれた。

リオグランデ・バレーにあるテキサス州のドナという小さな田舎の町は、メキシコとの国境からわずか二・五キロほどのところにある。そこのラン小学校は、アメリカでももっとも貧しい地域にあった。ランの生徒の両親のうち、高校を卒業している人は一〇％に過ぎなかった。水道のない家が多く、八八％の生徒が英語をまだ学んでいる最中だった。ランの校長であるオフェリア・ガオナは、学校を立ち直らせたとしてニュース・キャスターのダン・ラザーから紹介され、全国的に知られるようになった。彼女が校長になったとき、州の標準テスト〔州ごとに行われる学年別の学力テスト〕

すべてに合格したのは生徒の五・九％（二人）だけだった。五年後、八〇％の生徒が合格するようになり、州の教育省からは「学業面で評価の高い」学校とされた。ガオナ氏によると、この過程においてはティーチ・フォー・アメリカが大きな役割を果たしたという。コープ・メンバーはいつも最後の夜七時まで学校に残り、週末には六カ月のあいだ、一・五メートルのフェンスを乗り越えて教室で仕事をし、ついにはガオナ氏が学区の方針を破って彼らにカギを渡したという。「学業面でほんとうに熱心に取り組んでくれます」と彼女は言う。「それも、思いやりと愛をもって」

ワシントンＤＣでは、公立校で四〇年の経験を持ち、ポール中学校の成功で有名なセシール・ミドルマンがある騒動を引き起こしていた。同校をチャータースクールにしたいという希望を出したのだ。チャータースクールになることで州の規制からは解放され、その代わりに責任と結果を求められるようになる。学区長のアーリーン・アッカーマンは、ミドルトンの動きに他の人も追随し、それにより学区の資源が流出するのではないかと恐れて反対した。ミドルトンは断固として決意を変えなかった。アッカーマンから公に大きなプレッシャーを受けたにもかかわらず、ミドルトンはまったく譲らず、出願を取り下げようとはしなかった。しかし、ティーチ・フォー・アメリカのワシントンＤＣの理事会が、コープ・メンバーをチャータースクールに送るべきか議論しはじめると、ミドルトンは理事会の席上で立ち上がって、「ティーチ・フォー・アメリカが教師を送ってくれないなら、チャータースクールになることはあきらめる」と言った。学校にいる一一人のコープ・メンバーとその卒業生なしでは、校長として成功できないということだった。

一九九七年の春、私はニューヨークのブロンクスにある第一四五中学校の校長、グレン・ベイダーを訪ねた。そのときベイダーは校長になって五年目だった。彼は、この一二〇〇人の生徒を抱える学校を立ち直らせたことで有名だった。

ベイダーと一緒に校庭に立っているとき、彼が一人ひとりの子供の名前をすべて知っていることに気がついた。だが、彼がこれまでに上げてきた成果にもかかわらず、彼は州の標準テストのスコアで見た学業面では、進歩が見られないと言っていた。

三年後、私はベイダーをふたたび訪問した。前回の訪問以降の三年間で、同校はブロンクス第九学区中学校のなかで、学業成績が最低レベルから最高レベルに変わっていた。学年相当の読解力を持つ子供の割合は三年間で一〇ポイント増加し、八年生（中学二年生）を終える三五〇人のうち、一五人を除く全員が、専門高校〔Specialized High School：ニューヨーク市の高校の一種。学校ごとに、科学、芸術などの専門分野を持つ。専門高校九校共通のテストにより、入学が審査される〕に進学することになった。

ベイダーは二度目の訪問の時点で、九人のコープ・メンバーと六人のコープ卒業生を雇っていた。

彼によると、変化の多くはこの三年間に起こったという。「大勢のコープ・メンバーが働くようになって、生徒や他の教師に成果を上げるよう刺激を与えた」からだ。彼はコープ・メンバーが生徒の学業への関心を高めたことを評価した。

ティーチ・フォー・アメリカが一〇年目の終わりを迎えるころ、生徒の標準テストの成績にコープ・メンバーが与えるインパクトを研究しようと、二人の研究者が計画を立てていた。それまでは、こうした調査はなかったので、コープ・メンバーを雇った校長の評価を頼りにしていた。一九九九年の春に調査会社のケイン・パーソンズ・アンド・アソシエイツが実施した調査によると、指導に関する二三の項目において、平均で九〇％以上の校長がコープ・メンバーを「よい」または「優れている」と評価した。二三項目には、たとえば、成果志向と成功への意欲、フィードバックを受け入れる、効果のある指導方法を選択する、学習に適したクラス環境をつくる、他の教師や事務官と協働する、などがあった。校長の九六％が、コープ・メンバーが存在することは学校にとって「有利である」と評価し、その多くが「非常に有利である」と評価した。

理想的な就労環境からはほど遠く、また新しい地域への転居で苦労したにもかかわらず、大半の――年によって八五％から九〇％の――コープ・メンバーが、二年間の教職を全うしていた。

そしてコープ・メンバーは、二年間の教職が終了したあとも大きなインパクトを与えていた。一九九九年の秋に行ったアンケート調査では、六〇％の卒業生がいまでもフルタイムで教育に関わっていた。三七％は引き続き教職に就いており、二一％は教育の大学院に通っているか、学校管理や事務の仕事をしているか、教育関係の団体で働いていた。残りの四〇％の直接的には教育に関わっていない人たちも、うち七〇％が、その仕事が何らかの形で教育か低所得地域に関係していると答えた。

卒業生は、教師が得られる最高レベルの賞も受賞していた。ニューオリンズの最初のコープの一員だったマイケル・ラッチは、教師水準全国委員会［National Board for Professional Teaching Standard：教え方の向上を目的に設立された非営利団体。活動の一つとして、優れた教師が備えるべき基準を設定し、それを満たしているかどうか審査する］から、マスター・ティーチャー（熟練した教師）として認められた。ほかにも多くの卒業生が全国の市や郡で、「ティーチャー・オブ・ザ・イヤー」になっていた。何人か紹介しよう。バージニア・リチャードソンは、ボルチモア市で一九九七〜一九九八年の中学校ティーチャー・オブ・ザ・イヤーになった。アラン・ジュリアーニはアーカンソー州のフィリップス郡で、一九九八年のティーチャー・オブ・ザ・イヤーになった。エドゥアルド・マッカーンはヒューストンで、一九九八〜一九九九年にバイリンガル教師としてティーチャー・オブ・ザ・イヤーを獲得した。マーシャル・マトソンは、ノースカロライナ州の北東地域の、一九九九年ティーチャー・オブ・ザ・イヤーになった。

学校運営にあたっている卒業生もいた。私たちが把握しているところでは、四〇人が校長か副校長を務めていて、ほかにも数十人が学校で指導的なポジションに就くためにトレーニングを受けていた。全国的に高く評価されているチャータースクールを運営している者もいた。ヒューストンとサウス・ブロンクスにあるＫＩＰＰアカデミーズがその一つで、同校は報道番組の「シックスティ・ミニッツ」でも取り上げられ、低所得地域の子供たちの学習水準を裕福な子供たちと同レベルにまで高めたと紹介された。よいリーダーの獲得と維持がとても困難とされている農村部でさえも、チャータースクールを立ち上げている卒業生が何人かいた。既存の公立校の変革に取り組んでいる卒業生もいた。たとえば、カリフォルニア州コンプトンでは、二七歳のスティーブ・シャッツがローレル小学校で校長を務め、一九九九年〜二〇〇〇年度に、学力試験の成績を二六ポイントも伸ばし、伸長度では学区で上位から二番目となった。

さらに、卒業生は学校の外からも変化を起こしていた。教育団体に勤めている人もいたし、市長や教育長のために政策を練っている人もいた。官公庁で働いている人もいた。目立った例としてはサラ・モスルがいる。彼女は『ニューヨーク・タイムス・マガジン』誌の二〇〇〇年夏号の巻頭ページに記事を書き、ボランティアに依存することの限界と、根本的でシステミックな変化の必要性を認識してほしいと訴えた。

ティーチ・フォー・アメリカはその一〇年目にシカゴに進出しようとしていたが、現地の教育界との交渉に難航し、コープ卒業生を数名集めて助言を求めた。その卒業生たちはシカゴの低所得地域の教育においてすでに重要な役割を果たしており、私はそれに驚くとともに感銘を受けた。デイブ・ウェイクリンはシカゴの学校に関する有名なリサーチ・プロジェクトを手がけており、スティーブ・ライヒマンは、シカゴでも経済的にもっとも困難な地域の一つであるノース・ローンデールで、学校運営組織のエグゼクティブ・ディレクターを務めていた。ブライアン・オマリーは、地元の多数の企業の経済的発展を手助けしていた。メリッサ・ベネカンプは地域社会の団結を推進し、博士課程に在籍中のジェームス・オブライアンは、教育改革のリーダーで活動家のビル・エアーズと仕事をしていた。トラビス・リチャードソンは弁護士で、スザンヌ・ムーチンはＣＩＶＩＴＡＳ（オプラ・ウィンフリーが推進する活動で、小さな子供の発達の重要性に対する認識を高めようとするもの）のエグゼクティブ・ディレクターを務めていた。コリーン・ディップルは、校長が効果的に学校を運営するためのコンピュータ・システム、「プロジェクト・アチーブ」の導入を、学校とともに進めていた。

このミーティングの半ばで、シカゴ進出に関する問題のすべてについて、この卒業生たちが解決に力を貸してくれることがわかった。彼らはコープ・メンバーをどこに配置すべきか、学校や地域についてアドバイスしてくれた。教師を指導してくれる人や、慈善家、企業の経営者、理事会メンバーの候補者などを紹介すると言ってくれた。また、オフィスを安く借りられる場所を教えるとも言ってくれた。そこには言葉には出されなかったが、たしかに共有されている大前提があった。すなわち、集まっている全員がただ一つのこと——不利な立場にある子供たちの幸福——を思っているということだ。

シカゴの卒業生は、運よく偶然に集まった人たちだったが、何年間もコープ・メンバーを派遣していた地域では、さらに強力なリーダーシップが発揮されていた。ニューヨークのアッパー・マンハッタンにあるワシントン・ハイツは、新しくアメリカに移民してきた人たちが大勢住んでいる地域だが、ここでは卒業生が共同で変化を起こそうとしていた。たとえば、ジャニス・ゴードンはラップトップ・パソコン運動を進め、子供たち一人ひとりがコンピュータを購入できるよう、その家族を援助した（ビル・ゲイツ本人がジャニスの教室を訪問し、ジャニスはマイクロソフトのコマーシャルにも登場して「私の生徒たちはパワフルだ」と言った）。

やがて、この学区の学区長は、別の卒業生であるジュリア・コックスに、ラップトップ運動を学区の全校に展開するよう依頼した。ジュリアはジャニスやクリスティーン・マルグレイブ、ケビン・キンケイドら（彼らも卒業生だ）を評して、「子供たちとラップトップが力を発揮するうえで、大きく協力してくれた」と話した。「ティーチ・フォー・アメリカの卒業生とコープ・メンバーの存在と、ネットワークと経験がなかったら、このプログラムは成功していなかったでしょう」

また、コンピュータ購入のために生徒の家族が寄付した資金を集めて管理する仕事は、地元のすべての金融機関から断られたのだが、ジュリアはワシントン・ハイツのコミュニティが所有する信用組合に依頼して話をまとめた。この信用組合は、ほかでは資金が得られない成人や企業に資金を提供するもので、マーク・レヴァインが創設した。マークもまた卒業生だった。

一九九九年、ティーチ・フォー・アメリカの卒業生たちは、このワシントン・ハイツ学区でリーダーシップをとるようになっていた。ジュディース・デ・ロス・サントスはバイリンガル・プログラムのディレクターを務め、ステイシー・ダグラスは科学教育の責任者だった。イヴェット・サイは学区の全中学校に科学教育を導入する仕事をし、ジュリアは中学校での指導と学習に関して、新しい内容と評価水準を設定する責任者だった。クリスティーン・マルグレイブはラップトップ運動のディレクターを務めていた。この学区で意思決定をし、実行を進める二〇人のリーダーのうち、二五%がティーチ・フォー・アメリカの卒業生だった。ワシントン・ハイツのコープ・メンバーは、当初は二年間だけ教える予定だったが、多くがそこに留まった。そして、長期的にリーダーとして務め、この地域に変化を起こすうえで必要な力になろうと決意し、強力なグループを形成するに至ったのだ。

ティーチ・フォー・アメリカが一〇周年を迎え、私が大学四年生のときに思い描いたインパクトを生み出していることに疑問の余地はない。アメリカのもっとも貧しい地域社会のいくつかで、献身的な若者のグループとして大きな勢力になっている。私たちは、公共心のあるリーダーたちの一群を、未来に向けて育てているのだ。

# 10 ビジョンを実現する

Realizing the Vision

何年かかけて、コープ・メンバーの教室や、いまでも教職に就いているコープ卒業生の教室を訪問したが、そのうち何人かの教師たちは他の教師たちとは明らかに異なる水準にあることが、次第にわかってきた。コープ・メンバーの大半は思いと熱意があり、今日の標準から考えると、とても優れた教師たちだ。だが私は、それとはまったく違うレベルの成功を目にしたのだ。

たとえば、ロサンジェルスの生物の教師だったレイ・チンは、アドバンス・プレイスメント［Advance Placement：高校生が受験できる科目別の試験で、これに合格すると当該科目に関しては大学生程度の知識があるとされ、大学で基礎科目の受講を免除されたり、入学審査で有利になったりする］の生物学のクラスを立ち上げ、自身の二六人の生徒のうち二〇人を指導し、同テストで3以上をとるよう導いた（五段階のうち3は「合格」とされ、大学の単位取得と同等とみなされる）。ボルチモアで教えていたエイミー・ブラックは、自身の生徒が八年生を終えるまでに、高校卒業程度の作文力を身につけさせた。

また、カリフォルニア州リンウッドで、コープ・メンバーとして一年目のトゥルーティナ・マリア・ソーウェルは、三一人の幼稚園生のクラスで二四人に読み方を教えた。その大半は初日には学校に来るのを嫌がり、鉛筆の持ち方も知らなかった子供たちだった。

こうした教師のやり方はどこが違うのだろう、と私は考えた。なぜ、そんなにも成功したのか。私は教室訪問で、堅実な教師と傑出した教師の両方を訪問しながら、そのカギを探した。

## 同じ土俵に立たせるために

一九九九年の春、私はノースカロライナ州ガストンに行き、タミー・サットンを訪ねた。ノースカロライナ東部地域オフィスのエグゼクティブ・ディレクターであるミッシー・シャバーンが、タミーは驚異的な成功を収めていると言ったのだ。タミーはガストン中学校で国語と社会科を教えて三年目だった。

それ以上の情報は持たず、私はローリーに飛び、車を借りて小さな田舎町まで走らせた。そして砂利敷きの駐車場に車を置き、平屋建ての校舎に向かって歩いた。ガストン中学校は、生徒の九五％がアフリカ系アメリカ人で、全員が給食を無料で支給されていた［給食が無料になるか、料金を支払うかは、世帯の年収によって決められる］。

四人のティーチ・フォー・アメリカのコープ・メンバーが教えていたが、四人は中心となる学術科目を教える教師陣全体の、三分の一を占めていた。校長のルーシー・エドワードは郡の「プリンシパル（校長）・オブ・ザ・イヤー」を二年連続で受賞していた。三年前、同校は州のなかでも学業成績が最低レベルで、学年相応かそれ以上の学力を持った生徒は、全体の半分以下だった。いまやガストン中学校は、州内で「模範となる」レベルにまで達している。エドワーズ校長は、「立ち直れたのは、コープ・メンバーのおかげだ」と言う。コープ・メンバーのクラスで標準テストの成績が伸びて、それが学校全体の平均値を三〇ポイント押し上げた。またコープ・メンバーは他の教師にも刺激となり、彼らが熱心に仕事をし、新しい試みに取り組むよう促したのだ。

タミーの教室に入ると、身長一六五センチほどの、薄茶色の髪をした意志の強そうな女性に、南部なまりで出迎えられた。生徒たちは四人ずつグループに分かれて座り、タミーが書いた「二四年と学び」という詩を読んでいた。生徒たちが助け合ってその詩を理解しようとしているあいだ、私は自分自身の解釈までもが高められるような発言をいくつか聞いた。クラスを元に戻し、この詩のむずかしい部分を説明したあと、タミーは生徒たちが同じ形式で書いた詩を各自に返した。採点され、フィードバックが書いてあった。その後生徒たちは自分の詩を修正し、ふたたびグループに分かれて、ニッキ・ジョバンニが書いた複雑な詩を協力し合って解釈した。

私は校長やコープ・メンバーとともにタミーが教える様子を見学し、夜の七時に一緒に学校を出た。地元のレストランでチキンテンダーを食べながら、タミーやコープ・メンバーと話をした。そのうちに彼女の成功の理由が、少しずつ見えてきた。

その前の年、タミーの生徒はテストを受けていなかったが、学校全体では州の基準を満たす作文力を持つ生徒は半分以下だった。タミーは決意した。学年の終わりまでには、生徒たちがよい文章を書くための技術的な事柄をマスターするだけでなく、語り口や比喩、文体など、もっと複雑な点にも注意を払えるようにしようと。タミーは、「高校や大学で成功するのに必要な作文力を、生徒たちに身につけさせる」というミッションに向かって動きだした。

タミーは目標に到達するために生徒と家族を巻き込もうとし、そのために必要なあらゆることに取り組んだ。教会の夕食会や野外パーティ、旅行などに参加し、家族たちと知り合った。彼女は土曜の夜に、バスケットボールの試合を始めた。他のコープ・メンバーとともに、エジプトまでの修学旅行を計画した。実際はオーランド（フロリダ州）までしか行けなかったが、絆を強めるのには役立った。

学ぶことと成功が「かっこいい」という文化を築き、生徒個人がグループ全体に責任を持つと同時に、グループに対して貢献する責任があるという感覚を持たせるために、タミーはよくクラスを四人のグループに分けた。グループ全体が優れた対人スキルや学力を示すと、そのグループは「スーパースター・グループ」であることを示すカードをもらえる。学期の終わりの時点で、そのカードをもっとも多く集めたグループと、宿題を一番よくやってきたグループは、お祭りでもスケートでもボーリングでも海でも、どこでも好きな場所に連れていってもらえる。

タミーは教育の重要性について、何度も生徒に話した。その結果、生徒たちは大学の話もするようになった。タミーはその学校のコープ・メンバーとともに、大学進学を一つの選択肢として生徒たちに意識させるような課外活動も開始した。

成果を上げようと意欲を持った生徒たちに、タミーは目的意識を持って教えた。高い目標に向かって、授業の一分一分をどうしたら最大限に活用できるかを考えた。タミーのクラスの七年生(中学一年生)のランディア・ディンキンスは、タミーが、「答えを自分で見つけられるように、本気で教えてくれ」、「生徒を考えさせ」、「頭がいいような」気分にさせてくれる、と話した。

ここまでやっても、タミーはまだ十分ではないと気づいた。最善をつくしても、生徒たちを必要なレベルに到達させるには、単純に授業時間が足りなかったのだ。彼女とコープ・メンバーは、どうすれば時間数を増やせるかと考えた。彼らは、土曜日の朝に個人指導の時間を設けた。校長を説得して、一日の授業時間を四五分延ばした。校長や生徒の家族と相談して、生徒たちが宿題をするために夜の七時まで学校に残れるようにした。

学年の終わりまでに、タミーは自分が定めた目標に到達し、州の目標にも到達した。彼女の六〇人の生徒のうち、九六％が作文で州の基準を上回り、多くがその基準をはるかに上回ったのだ。

タミーはティーチ・フォー・アメリカのビジョン――すべての子供たちが、優れた教育を受けられるようにすること――を自分のクラスで実現するのだと心に決めていた。タミーの最終目標は、生徒たちが自尊心を持つことや勉強が好きになること、あるいは自分が生徒たちと親しくなることではなかった。そうしたことも達成したかったのかもしれないが、タミーはよくわかっていた。自分の生徒たちが、より恵まれた生徒たちと同じチャンスを人生で手にしたいならば、そのような生徒たちと学習面でも同等のスキルを持たなければならない、ということを。

だから、タミーは生徒たちの学力を少しだけ向上させようとしたのではなかった。学年の終わりまでに、生徒たちを優れた書き手と言えるまでに伸ばそうとしたのだ。彼女の目標は標準テストの点数を上げることだけではなかったが、自分の生徒たちの力を他の生徒と定量的に比較するために、そのテストを用いた。タミーは、数ポイントの向上だけでは満足しなかった。なぜなら、数ポイントでは今後生徒たちが対等なチャンスを手に入れられるとは考えられなかったからだ。

生徒の学業成績を劇的に向上させようという強い思い――これが普通の教師と最高の教師との違いを生み出している要因だと、私は考えた。


私は以前、ロサンジェルス統合学区のサマー・スクールで教えている、ティーチ・フォー・アメリカの卒業生を訪問した。仮に彼のことをジョーと呼ぼう。その学校の校長は校内を案内してくれ、ジョーを賞賛した。彼は教職に就いて四年目に入ろうとしていた。教室に入るとすぐに、私はジョーの笑顔と温かい人柄、そして熱意に圧倒された。彼は明らかに生徒たちを愛し、教えることを愛していた。だが、タミーや他の傑出した教師たちの教室で感じたような緊迫感は感じられなかった。

生徒たちが帰ると、私はジョーに「翌年達成したい目標は何か」とたずねた。彼は自分で課したさまざまな目標を並べた。なかでも彼は、ある作文のワークショップで学んだ新しい手法を試し、より優れた作文の指導者になりたいと考えていた。彼の答えにはショックを受けた。なぜなら彼の目標が「優れた作文指導者になる」という、自分自身の育成に関する目標で、「生徒をよい書き手にする」という、生徒たちの成果に関する目標ではなかったからだ。私たちは話を続けた。私はジョーに、「来年度生徒になる子供たちは、学期が始まるころは、どの程度のレベルだと思うか」とたずねた。どの学年のレベルに相当するかはよくわからない、と彼は答えた。生徒たちが、あまりにも遅れたレベルにいたからだ。そこで私は、「来年度の終わりまでに、生徒たちを学年相当のレベルにまで到達させられたら、どうなると思うか」と彼にたずねた。即座に彼は言った。「そうなったら、すべてが変わるでしょう」

そして彼は、なぜそれが不可能なのか、あらゆる理由を挙げはじめた。

「その目標に向かうのとはまったく関係のない仕事が、山ほどあるんです。たくさんの活動やら、事務処理やら。実際、その目標に向かうとしたら、一日の過ごし方を大きく変えなければならないでしょう。……問題が多すぎます。生徒たちは家に帰ると、テレビばかり見ているんですよ」

そうした障害を数え上げているうちに、生徒たちは年度末までに学年相応のレベルに到達できないとジョーが考えていることが、明白になってきた。問題は生徒たちにあるのではなく、外部の問題にあった。生徒たちの可能性を引き出すためには、その問題を変えなければならない。

私たちはもう少し話した。もし学年末までに学年相応のレベルに達したら、生徒たちの人生はどう変わるか。可能性が大きく開かれているまったく新しい世界に向かって、まったく違う軌道に乗るだろう、ということを話した。そして、ジョーが言うところの「そのような高いビジョン」が、すべてを変えるだろうということを話した。そうしたビジョンをジョーが持つことにより、生徒の成功を妨げている障害に対処しようという意欲も、生まれてくるはずだ。

自分の生徒たちを絶対値で見ても高いレベルに到達させるには、他の生徒よりも多くを――より多くの時間、より多くのサポート、よりよい指導を――生徒に与える必要があることに、タミーは気づいた。

ある人たちの意見では、低所得地域の子供たちに、熱心な教師と新しい教科書とよく管理された校舎を与えれば、つまり豊かな地域の子供たちと同じリソースを与えれば、平等なチャンスを与えたことになるという。たしかに、タミーの生徒たちがそのようなリソースを手に入れられれば、それは大きな前進となるだろう。だが、タミーはさらに高いところに目標を設定した。彼女は成否の判断基準を、「他の地域と同じリソースを生徒に与えられたかどうか」ではなく、「同じレベルの教育を提供できたかどうか」に置いた。

タミーは、自分の生徒たちが、国内のどこの生徒とも同じレベルに到達する力があることを知っていた。同じレベルに達する「力」があるのだから、それ以下で妥協することはできなかった。この目標を達成するためにタミーは、ノースカロライナ州でもっとも財力のある学校や、豊かな地域の学校の傑出した教師たちよりも、さらに多くを生徒に提供しなければならなかった。

豊かな地域では、教師たちは自分自身のことを、生徒たちが大学に行く途中で知識を得るための存在であると、余裕をもって考えることができる。だが、アトランタやパロアルト南部、ノースカロライナの農村部などの低所得地域では、傑出した教師たちは、自身の役割をもっと積極的なものととらえている。

生徒は通常、非常に不利な状況を抱えて、彼らのもとにやって来る。多くの生徒は、小学校一年生になったその日から遅れている。よい入学前プログラムに通っていなかったり、十分な栄養を取っていなかったりするからだ。子供が成長するにつれ、貧困から生じる問題により、優れた学業成績をあげることはさらにむずかしくなる。両親が働いているあいだ、生徒たちが幼い兄弟姉妹の面倒を見るなど、重い責任が彼らの肩にかかっていることもある。混乱し、危険で、麻薬が蔓延した地域に住んでいることもある。こうした状況の子供たちに同じリソースを与えたとしても、高所得地域の子供たちが受けるのと同じ教育を与えたことにはならないのだ。

## 魔法ではない

生徒たちに絶対値で高い学業成績をあげさせようと、多くの教師がティーチ・フォー・アメリカにやってくる。だが、全員が成功するわけではない。なぜだろうか。レイ・チンやトゥルーティナ・マリア・ソーウェルやタミー・サットンは、特別なカリスマ性を備えていただけだ——。そう考える人は多いかもしれない。だが、私は別の要因を見つけた。

『落ちこぼれの天使たち』〔Stand and Deliver：一九八七年のアメリカ映画〕として映画化されて、伝説のようになったジェイム・エスカランテの話は有名だ。彼は一九八〇年代を中心に、ロサンジェルスの中南部で、微分積分のアドバンス・プレイスメント・テストに合格するよう生徒たちを指導した。彼のような成功を再現することなど不可能だと、みんな考えている。私たちは彼のことを、生まれながらの教師であり、生徒たちを励まして特別なレベルにまで到達させるような、神に与えられた力を持つ人だと考えがちだ。

だが、さまざまな学年でさまざまな科目を教える、傑出した教師たちと出会うなかで（声の小さな人も大きな人も、クリエイティブな人も分析的な人もいた）、私はよい指導とはカリスマ性の問題ではないと気づいた。魔法のようなものでも、説明のつかないものでもない。傑出した教師たちは、生徒に対して明確な目標を設定し、人々を（この場合は生徒とその家族を）目標に向かって努力するよう動機づけ、目標を達成するためひたむきに努力し、指導の効果を常にチェックして実績をあげていく。要するに、よい教師とは、よいリーダーなのだ。

一九九九年の春、私はカリフォルニア州コンプトンにある小学校を訪ねた。そこでは多くのコープ・メンバーが働いていた。私は三人の一年生担当の教師のクラスを見学し、生徒たちへの愛情と、クラスのコントロール、教えることへの情熱を目にして感激した。だからこそ、校長がその生徒たちの読解力の標準テストの結果を見せてくれたとき、衝撃は大きかった。二人の教師は、年間を通じて成績をほとんど上げることができなかったのだ。だが三人のうち一人、アンソニー・グリフィンだけは、どの基準で見ても優れた成績をあげさせていた。彼のクラスでは、一年間で三〇ポイントも伸びていた。その学校の一年生全体での伸びは、平均で一ポイントだった。

アンソニーは物静かな三〇歳で、ティーチ・フォー・アメリカに来る前は、プライスウォーターハウスで会計士として五年間働いていた。彼の授業を見学しても、そのクラスの成績がそれほど目覚しいものだとは思わないだろう。クラスは整然としているが、その教え方はとくに目立つものではない。表面的には他の教師たちのほうが外交的に見え、実際ある訪問者は、他の教師のクラスの方がいい成績をあげているのではないかと推察した。アンソニーのクラスでは、その日の予定がはっきりと黒板に掲示される。非常に穏やかな指示で、アンソニーは生徒たちに、やるべきことをやらせることができる。私が見学しているあいだ、彼は本を読んで聞かせ、これまでに読んだ本と比較して質問をした。続いて生徒たちをいくつかのグループに分け、あるグループでは単語のつづりを練習させ、別のグループでは作文を書かせ、また別のグループでは一緒に本を読んだ。

アンソニーに、成績を大きく伸ばした要因は何だと思うかとたずねた。

「生徒個々人の勉強内容に注意を集中していることだと思います」

彼はその年、生徒に何を学んでほしいか、はっきりとしたイメージをもって一年をスタートした。というのも、その前の年は二年生を教えていて、一年生は学年度の終わりまでには、二年生のレベルに到達していなければならないと考えたからだ。毎日アンソニーは生徒が勉強した内容を細かく見て、設定した目標に到達するには、次に何をするべきかを決める。

タミーと同様に、アンソニーも生徒の成績に関して、よく定義された目標を設定していた。明確で、測定可能な目標に沿って、アンソニーはすべての決定を下していた。

明確な目標設定をしたあと、傑出した教師たちは生徒をその目標達成に巻き込んだ。彼らは生徒たちと親しい人間関係を築いた。家族と知り合うために、放課後も時間を費やした。こうした相互理解をベースに、一生懸命勉強すればよい成績をあげられ、よい成績をあげれば人生でも成功するということを説いた。自分自身を大学に行ったロールモデルとして見せ、勉強をすることで大学や仕事の可能性が開かれることを示した。

同時に、成功した教師たちは、彼らのミッションを前進させるようなクラスの文化も築いた。彼らはくり返し、勉強やチームワークの価値を説いた。行動に関しても、高い基準を設けた。教師のためではなく目標に到達するためだ。個人としてもグループとしても成功するために、行儀よくふるまうよう求めた。

子供たちの成功には家族が重要な役割を果たすこともわかっていたので、傑出した教師たちは、家族や保護者を巻き込むよう、できるだけのことをした。彼らは基本的な部分を家族にサポートしてもらえるようにした。たとえば、遅刻せずに毎日学校に行くこと。一生懸命に勉強することが重要だと、家族にも強調してもらうこと。本を読むように促すこと。宿題ができるように静かな場所を与えること。

ともに勉強するよう巻き込んだ生徒や家族と一緒になって、教師たちは生徒を前進させるというミッションに取り組む。私は教室に入って数分後に、何か特別なものが作用しているのを感じる。生徒と教師に緊迫感があるのだ。すでに大きく遅れをとっている生徒たちに重い目標を課していることで、教師たちはすべての瞬間を最大化しなければならないことがわかっている。だから彼らは目的意識をもって、指導方法を選択する。彼らは苦心して個人指導もする。それは、最低の成績の子供から最高の成績の子供まで、すべての子供に学ばせるため、また、教えようとしている概念を生徒たちがほんとうに理解するためだ。

こうした教師たちは、学業目標に到達するためにはどんなことでもする。一日の時間が足りないと気づけば、時間を延ばす方法を考える。生徒たちを早く登校させたり、残らせたり、日曜日や夏休みに学校に来させたりする。健康の問題や家族の問題が足を引っ張っていると気づけば、力になってくれる社会福祉サービスを探す。宿題のむずかしい部分を教えてくれる人がいないために、生徒たちが宿題を終わらせられないとわかれば、教師の自宅に電話をかけさせ、力を貸す。

そして、こうした教師たちは自己の育成にも熱心だ。タミーは一年目にあまり成果が出せなかった。だが彼女はあきらめず、反省し、やり方を変えた。

トップの教師たち何人もと話したあと、私はジェイム・エスカランテがどのようにして成功したのかが書かれた論説を読んだ。なるほど、彼は私が挙げたすべてのことをしていた。彼は高い目標を掲げた(アドバンス・プレイスメント・テストで、生徒に3以上の成績をとらせる)。その目標に向かって、生徒と家族がともに努力するよう促した。指導方法を意図的に選んだ。そして、厳しく自己分析をし、指導方法を強化した。つまり、彼は有能なリーダーがどんな状況においても行うことを行ったのだ。ジェイム・エスカランテになるには、特殊な人である必要はない。献身的で、エスカランテのような結果を出そうと意欲を持った人であれば実現できる。魔法ではないのだ。

## 優れた学校

全国のコープ・メンバーを訪ね歩いているあいだに、私は学校を設立した卒業生にも会う機会があった。その一人がクリス・バービックだ。クリスは傑出した教師の一人で、彼が教えた生徒の親たちは、クリスが自分の学校を開けるよう、ヒューストン独立学区に嘆願書を出した。

クリスは、YES大学準備校（高校）を設立した。一九九九～二〇〇〇年度で、同校生徒の九九％が、州の標準テストの読解と数学に合格した。作文のテストには一〇〇％が合格した。同じ年、YESはテキサス州の公立高校のなかの「成績優秀校」となった。これは、標準テストと出席率を基準として判断されたものだ。だが、YESはこうした名誉の上にあぐらをかきはしなかった。よい大学に合格するのに必要な基準に到達することにこだわったのだ。

私はクリスのような人たちが成功した背後には何があるのだろうと思い、一九九五年の春にそれを探しに出かけた。私は丸一日をかけて、KIPPアカデミーを訪問することにした。サウス・ブロンクスにあるKIPPアカデミーは、ティーチ・フォー・アメリカの卒業生であるデイブ・レビンが設立した。

デイブ・レビンとマイク・ファインバーグは、それぞれ一九九二年にイェール大学とペンシルペニア大学を卒業したあと、ティーチ・フォー・アメリカに加わった。二人はヒューストンのガルフトン地区にある成績の低い学校に、別々に配置された。必ず成功すると心に決め、彼らは昼休みに他の教師たちから学んだ。デイブの学校にいた優秀なベテラン教師のハリエット・ボールは、基本的な学習スキルとクリティカル・シンキングを教えるための、新しい創造的な方法を二人に教えてくれた。

二年目にデイブは、校長に頼んで、もっとも成績の低いクラスを担当した。その初日に彼は、このクラスを教えたいと自分から頼んだことを生徒に話した。なぜ教えたかったか？　もっとも成績が低いクラスだったからだ。州の標準テストで、学年相応のレベルに達していたのは一七％だった。「僕と勉強すれば、学年末までに君たちは一番成績のよいクラスになる」と、デイブは生徒に言った。彼の生徒の九四％が、学年末には学年相応のレベルに達した。

マイクにも同様の逸話がある。二年目に彼は二つのクラスで数学と歴史を教えていたのだが、その生徒たちの大半が英語をほとんど話せなかったため、州の標準テストの読解と数学の受験を免除されていた。マイクが教える以前は、数学のテストを受けた生徒のうち、学年相応レベルだったのは三分の一ほどだった。学年末までに、マイクの生徒の大多数が数学のテストを受け、九〇％が学年相応のレベルに達した。

デイブとマイクは、自分たちの生徒がこの先もっとチャンスの少ないクラスに進んでいくことを考えると、こうした結果を二つの教室で出すだけでは不十分だと思った。そこで彼らは学区を説得して二人のクラスを統合し、合同で「知識は力」プログラム（ＫＩＰＰ：Knowledge Is Power Program）を立ち上げることにした。二人は、学校に朝七時半から午後五時までいられる生徒を集めた。生徒とその親、教師たちは、目標達成に本腰を入れて取り組むことを約束した契約書にサインした。デイブとマイクはエネルギーを注ぎ込んで指導に当たり、生徒たちが努力したごほうびとして、また学習を深めるためにも学外の見学に連れ出した。うまくいった。成功を示す一つの例としてテストの成績を見てみると、ＫＩＰＰ開始時に読解テストの合格者は六二％だったが、学年末には九三％になった。同様に数学の合格者は開始時に六〇％だったが、学年末には九六％になった。

この成功を見て、ある教育改革のグループがデイブとマイクに、ニューヨークで学校を運営しないかと話を持ちかけた。ヒューストンの独立学区も、二人をヒューストンにとどめておくため、学校運営を持ちかけた。マイクはヒューストンでＫＩＰＰアカデミーを開くことを決め、デイブは故郷であるニューヨークに戻り、サウス・ブロンクスの真ん中に学校を開くことにした。

私が一九九五年の春に訪問したのは、デイブの学校だった。午前七時半に、ＫＩＰＰが間借りしている第一五六公立学校に到着すると、三九人のＫＩＰＰの生徒のうち三二人がすでに席について、思考力のワークシートに取り組んでいた。ワークシートには、数学や読解力や地理の知識や論理を使うクイズが入っていた。生徒の大半はその前の週にワシントンＤＣに行っており、クイズはすべてこの見学旅行に基づいたものだった。

「暑さは思考の妨げにはならない」

デイブは頭を垂れた子供たちの机のあいだを行ったり来たりしながら、言葉をなげかけた。その日のニューヨークは、気温が三五度になると予想されており、第一五六公立学校にはエアコンはなかった。デイブはこの機を逃さず、越えられない障害はなく、言い訳は許されないということを強調した。彼らは暑さのなかで勉強を続けるのだ。

午前七時一五分までに半分の生徒が登校しており、七時半に来ていなかった七人も、八時までには登校する予定だった。デジレーが一五分遅れて現れると、デイブは放っておかなかった。デジレーが「でも、ここに来るために五時四五分に起きました」と言うと、デイブはその言い訳をしりぞけた。「僕は五時一五分に起きたよ」

一日を通して、デイブや同僚の教師は、一生懸命に勉強することと他人を尊重することの大切さを、すべての機会を使って説いた。クラスに貼られた二つの横断幕にも、そのことが書かれていた。「近道はない」「チームは個人に勝つ」

思考力、朝食、国語、社会、科学、昼食と進んだあとの午後、デイブが数学を教えていたときだった。一人の生徒がポップコーンで遊びはじめ、同級生の邪魔をした。デイブはこの機会を利用して、集中することの重要性を話した。話のポイントを理解させるため、彼は窓を閉めて扇風機を止め、背筋を伸ばして座るよう生徒に言った。あとでデイブに、あれは行き過ぎだとは思わないかと聞くと、「残念ながら、人生は厳しいんですよ」との答えが返ってきた。

ＫＩＰＰの教師たちが生徒の目標達成のために示す緊迫感、そして彼らの教え方の熱心さと効果に、私は心を打たれた。「質の高い指導が生徒を動かす」と、デイブは私に言った。

生徒たちも彼らを評価している。ヨランダは言った。「ここの先生たちは、数学を教えるために歌を作ってくれます。もっとよく分かるように、力を貸してくれます。楽しいわ。こんなに一緒になって勉強してくれる先生たちは、他にはいないもの」。ビクターも言う。「僕たちはたくさん学んでいます。学んでいるから楽しいです」

ＫＩＰＰの教師たちは、指導方法を一つに固定してはいない。「うまくいく方法を探しているんです」とデイブは言う。それぞれの教師が、子供たちを前進させるためにもっとも効果的な方法を選んでいる。

デイブの数学の授業のあいだ、生徒たちはあまりに熱中していて、体育の時間に食い込んでいることにさえ気づかなかった。彼らは五年生が学ぶ内容よりも、はるかに先を進んでいた。「君たちはいま、ほんとうの代数をやったんだよ」と、ある時点でデイブが言った。思考力の問題を一つ解説し、分数をパーセントに変える方法を説明したあと、デイブは生徒たちに競争をさせた。一人ひとりが小さな黒板を持ち、デイブが問題を出し、だれが一番に正解を出すか競うのだ。「分子は4×10÷20+4、分母は100。答えをパーセントで言ってください」。この競争には非常に熱が入り、気がつけば私も子供たちと一緒に競争していた。子供たちを迎えに来た体育の教師も、参加していいかとデイブにたずねていた。

教師たちの熱心な仕事ぶりは、教室の中だけに留まらなかった。教師たちは生徒の自宅を、放課後にほぼ毎日訪問する。生徒たちは教師の自宅に通話料無料で電話をかけることができ、宿題に力を貸してほしいときや、緊急の場合などに電話する。

学校が終わると、私はデイブとマリナ・バーナードと一緒に、ザキアの家を訪問した。ザキアは四年生で、翌年度KIPPへの入学を希望している。KIPPの教師たちは、学年度が始まる前に生徒たちの家を訪問し、生徒と両親に入学を勧め、契約書にサインをもらう。KIPPに入学する生徒は必ずしも成績がよいわけではなく、長期欠席や低い成績が続いている子供が多い。だが、入学する生徒全員が一生懸命に勉強しなければならない。両親は、子供が長時間学校にいられるよう必要な体制を整え、「知る限り最善の方法で、子供たちをサポートし」、毎日宿題を見ると約束する。子供たちは、「知る限り最善の方法で、常に勉強し、考え、行儀よくふるまう」と約束する。

私たちはザキアが住んでいる公営住宅に行き、彼女のアパートのドアをノックした。ザキアは小柄で、明るく好奇心の強そうな目をした少女だった。ザキアの母親は非常に若く、娘をとても大切にしているようだった。アパートは小さかったが片付いていて、一つのコーナーが丸々、ザキアの絵や作品を飾る場所として使われていた。デイブはザキアの母に、ＫＩＰＰを非常にシンプルな表現で説明した。

「このプログラムは、生徒が高校や大学で成功するためのものです」

ＫＩＰＰのミッションが彼女の心に響いたことは、その反応から明らかだった。ＫＩＰＰで求められることと、ＫＩＰＰで得られるものに関して説明したあと、デイブは入学するかどうかの決断を家族に委ねて家を出た。デイブとマリナは、私を地下鉄の駅まで送ってくれた。

デイブとその同僚たちが何を成し遂げつつあるのか、私は考えつづけた。彼らはＫＩＰＰの生徒の、今後の人生を変えつつある。また私は、その後ＫＩＰＰが拡大し、数百人の生徒が通うようになるのを何年にもわたって見てきた。成長の過程で、デイブは優秀な教師をリクルートすることを決めた。そのなかにはティーチ・フォー・アメリカの卒業生もいたし、ブロンクスで何年も教えてきたベテラン教師もいた。彼はまた、ＫＩＰＰの教師のトレーニングと育成を担う経験豊かな指導者も雇い、教師たちが指導計画をつくるのに協力してもらった。

ＫＩＰＰの成功は、独自の指導方法や、最新のカリキュラムによるものではない。生徒たちが確実に真の力を発揮できるようにするという、大きなビジョンを持ったリーダーがいたから成功したのだ。デイブは、このビジョンを実現するには、学校が通常与えているものだけでは不十分だと認識していた。そこで授業時間を延ばし、生徒へのサービスも拡充した。そして、彼は有能な組織をつくるという困難な仕事にも取り組んだ。優秀な教師をリクルートし、トレーニングして、彼自身や他の傑出した教師が低所得地域で成功した方法を活用できるようにした。そしてデイブは、熱心に取り組むことと個人の責任を重んじる文化を学校中に広めて、教師たちをサポートした。

## すべての子供たちに教育の機会を

低所得地域の子供たちは九歳の時点で、高所得地域の同い年の子供と比べて、算数では一～二学年遅れ、読解では三～四学年遅れている。その後、このギャップは広がる一方で、ロサンジェルスの中南部で育った子供が大学を卒業する確率は、ビバリーヒルズで育った子供の約七分の一となる。

だが、タミー・サットンやデイブ・レビンらが示したように、こうした差は必然的に存在するものではない。アメリカでもっとも貧しい地域の子供たちも、豊かな地域の子供たちと同じ成績をあげることができるのだ。ティーチ・フォー・アメリカの設立を通じて、またコープ・メンバーやその卒業生から私が学んだのは、低所得地域の学校で学業成績を向上させるには、次の三つのものが必要だということだ。

第一に、「いつか、この国のすべての子供たちに、優れた教育を受ける機会が与えられるように」というビジョンを、しっかりと持つことだ。私たちは公正で公平な国を願い、平等な権利と平等な機会がある国を望む。私たちは経済的に繁栄し、強い民主主義のある国になりたいと願う。私たちは、大学でも最高裁判所でも企業の取締役会でも、そのメンバーが多様である国を望む。民族が調和し、社会が安全な国を望む。私たちがこうした国を望むのであれば、アメリカのどこで生まれるかによって教育の可能性がほとんど決まってしまうような状況を、変えなければならない。

このビジョンを持つことだけでも――心から誠実に、低所得地域の子供への不平等をなくそうと考えるだけでも――、かなり先へ進めると私は信じている。ティーチ・フォー・アメリカの初年度で、私は大きなアイディアの力を実感した。その後、教育の平等を約束することがどれだけ生徒や家族をやる気にさせるか、タミーやデイブなどの人々を通じて見てきた。また、この大きなミッションによって、教師や学校の指導者たちが導かれ、大きな目標がない普通の人だったら夢にも思わないことをするようになった。ロサンジェルスのコープ卒業生のジョーが言ったように、すべてが変わるのだ。

第二に、私たちのミッションを実現するには、ありとあらゆるものが――より多くの時間や、つまりはより多くのリソースが――必要だということを認識しなければならない。コープ・メンバーや卒業生が示したように、低所得地域の子供たちが不利な部分を克服できるよう力を貸すのは、大変なことだ。また、恵まれない子供たちに他と同等の指導をしたとしても、それだけではよい教育を施したことにはならない。さらに多くの努力が必要だ。

タミーのような教師は、十分なリソースがない組織のなかで、より多くのことをやろうとする。だが、他の何千人もの教師に同じことを期待するのはむずかしいだろう。タミーたちは、朝の五時か六時から、夜の一〇時か一一時まで仕事をし、週末も夏も仕事をする。いつでも待機している。成功するために、彼らは自分たちが働く組織の弱い部分を、自分たちで補っているのだ。公式の授業時間では足りない場合には、時間数を増やすために新たな仕組みを考える。つまりは、こうした付加的なサービスに対価を払うため、もっと資金が必要だ。そして、タミーやデイブがやったのと同様のことを教師や学校の指導者たちに望むのであれば、彼らにもっと給料を支払う必要がある。

低所得地域の学校を機能させるために、もっとお金が必要だという考え方が、快く受け入れられないことは理解できる。学校内で財源が無駄づかいされているという例を、私たちはたくさん見てきたし、読んできた。このような財源を単に再分配するだけでも、大きな違いが出る場合もある。そして私はティーチ・フォー・アメリカの経験から、お金がすべてではなく、また財務的に厳しい状況が質の高い、イノベーティブな思考を生み出すことも学んだ。だが同時に、お金がすべての解決策にはならないが、大きな計画を実行するにはお金が必要だということも学んだ。

私は、もっとお金がなければ、学校は前へ進めないと言っているのではない。前進はできる。だが国として、低所得地域の教育への投資が不均衡である限り、教育の平等というビジョンを十分に実現することはできないだろう。教育への投資を増やすと変化が起こり、また究極的には、子供たちが不当に扱われた結果として必要となる公的支出を減らすことができるはずだ。今後、教師や学校が成功例を増やしていくことで、世間がそう納得してくれることを私は願っている。

私たちの大きなビジョンを実現するための第三の側面は、長期的かつ組織的な取り組みが必要になるということだ。優れた学校のシステムをつくるのは、優れた組織をつくるのと似ている。優秀なリーダーとスタッフを雇い、強力な文化を築き、責任と継続的改善のシステムをつくる。くり返すが、これは魔法ではない。効果のある指導や有力な学校に通じる秘密の近道はないし、成功する学区をつくるための困難な仕事に、抜け道はない。

子供の問題や教育改革を論じる人たちは、低所得地域の親たちが、子供たちをどの学校に行かせるか選べるようにするべきだと言う。親にパンフレットを配り、教区立の（教会が運営する）学校でも私立校でも公立校でも、好きな学校に行けるようにすれば、市場からの圧力がかかり、学校は改善を強いられるだろうと。しかし、この方法を採用するかどうかにかかわらず、それ以前に私たちはよい選択肢をつくるという仕事に取り組まなければならない。単に隣の学校よりテストの成績が三ポイント高い学校ではなく、裕福な地域の子供たちと同じ土俵に子供たちを立たせられる学校を、親たちが見つけられるようにしなければならない。

他の改革論者は、クラスの小規模化やバイリンガル教育、テクノロジーを活用した指導など、ある個別の改革に肩入れする。だが、何が優れた組織をつくるかを考えると、それはただ一つの戦略ではないことがわかるはずだ。優れた組織となるのは、結果を出し、変化に対応し、継続的に改善を続けるようなシステムをもった組織だ。実際、先に挙げた改革を単独で実行したとしても、現場では逆効果となることがある。たとえば、クラスの規模を小さくするよう義務づけるのは、現在人気のある改革の一つだが、ときには生徒を優秀な教師のクラスから未熟な教師のクラスへと、移動させなければならなくなる。

明確な目標を持つことの有効性を、私はこの目で見てきた。その経験から考えると、教育改革者たちが学校に対し、計測可能な結果を出すよう求めたのは、正しい方向への大きな一歩だと思う。レベルの低い標準テストを究極の基準と考えるのは、明らかに危険だ。ティーチ・フォー・アメリカがやってきたように、学区や州政府は成功の指標を見直し、学校で働く人々が、ほんとうに実現させたいことと照らし合わせて、その仕事を軌道修正できるようにするべきだ。もちろん、指標を改善しているあいだも、現在存在している基準から逃げてはいけない。

はっきりと目標を定めたら、学校は結果を出すために能力を高める必要がある。そのために非常に重要なステップは、人材を注意深く採用し育成することだ。教師の質の改善に取り組んでいる多くの人が、教員免許取得の要件を増やすことや、教育学部を改革することに焦点を当てている。だがその代わりに、成功している組織のどれもが取り組んでいることをしてはどうだろうか。学区は採用キャンペーンを始めて、有能な人材がいそうな場所すべてから教師を採用できるようにし、候補者のなかから、成功に必要なリーダーシップを兼ね備えた人を選び、新任教師に学区のビジョンとミッションを伝える。さらに学区は着任前のトレーニングを提供し、そこを確固たる基盤として新人教師が育っていけるようにする。その後も、もっと効果的な指導ができるよう、教師にサポートと育成の機会を提供しつづける。

こうしたステップを実行する学区は、教師の質を劇的に向上させることができるだろう。すると、校長になる人を見つけるにも、とくに優れた教師のなかから探すことができる。むしろ、そうした教師を教育の世界にとどまらせるためには、学校でリーダーシップをとるという機会が必要かもしれない。こうして学校に、生徒たちを大きく伸ばした実績を持つリーダーが現れる。彼らは子供たちを伸ばすことは可能だということを知っている。また経験豊かな権威として、同じ結果を出すよう他の教師を引っ張って行ける。

有効な学校運営組織をつくるのは容易ではない。卓越したリーダーシップが必要だし、やるべきことも多い。学校の理事会がどう動くか、州政府がどう規制するかなど、あらゆる勢力を分析的に見て、組織をつくるアプローチを妨げられないようにする必要もある。だが、何をすべきかに関して、謎の部分はない。解決方法は手の届くところにある。

学校へのプレッシャーを緩和するような変化もある。都市部と地方で経済状況が変化すれば、学校や教師は成果をあげやすくなる。経済が繁栄すれば仕事が増え、無理をしている両親や保護者の財政的な問題も減る。お金が増えれば、生活環境は快適さを増し、健康管理も栄養状態もよくなる。入学前教育や補習などの資金も手に入る。

低所得地域で経済状況が即座に大きく変わることがなかったとしても、さまざまな分野での改善があれば、学校での仕事はやりやすくなる。社会福祉サービスや低所得者向け住宅の改善、全国的な入学前教育の導入などだ。

私たちは、こうした変化が起きるよう本気で取り組む必要がある。そして、変化が実現するまでは、次の実現可能な目標を追求するべきだ。すなわち、「非常に不利な状況のなかに生まれた子供たちを他の子供たちと対等にするために、ミッションと財源と能力のある学校運営組織を築く」ということだ。

教育の機会についての私たちのビジョンを実現するには、こうした社会全体の大きな変化が必要だと私は認識した。そのためティーチ・フォー・アメリカをさらに力のある組織にしなければならないという緊迫感も強まった。そうした変化が起こるまでは、子供たちが本来持つべき機会を与えるために、従来のやり方の上を行き、先を行くような教師が必要となる。同様に、教育界の内側と外側、そして政治のあらゆる分野と階層に、根本的な変化を起こそうという思いを持つ、強力なリーダーたちが必要だ。壊れたシステムを繕う仕事を、疲れを知らない教師たちが背負わなくてもいいように。

# 11 この先の一〇年

The Decade Ahead

二〇〇〇年の五月のある日、私はスコット・ハミルトンから電話をもらった。スコットは私と同年代で、教育分野でさまざまなポジションについた後、ギャップ（ＧＡＰ）の創設者であるドン・フィッシャー、ドリス・フィッシャー夫妻に雇われ、一家の財団の創設を取り仕切った。その財団はパイシーズ財団という名前で、いくつかの教育改革活動に、巨額の助成金を提供していた。スコットは、フィッシャー夫妻はニューヨークにいて、私に会いたがっていると言った。二人はティーチ・フォー・アメリカの拡大に興味があり、そのためなら数百万ドルを提供するだろう、とのことだった。

ティーチ・フォー・アメリカのそれまでの一〇年間で、私はこのような電話をあまりもらったことがなかった。実を言うと、こんな電話は初めてだった。そこで私は地下鉄に乗り、マンハッタンの東側にあるフィッシャー夫妻のこぢんまりとした家を訪れた。一時間の面談はリラックスしたものだった。リラックスしすぎた。私は自分自身にがっかりした。ティーチ・フォー・アメリカの力を理解してもらえるよう、会話をうまく運べなかったのだ。

だが数日後、スコットから電話があった。フィッシャー夫妻はティーチ・フォー・アメリカの拡大を支援したいと考えている、とのことだった。一カ月くらいのうちに、提案書を出すことになった。

数週間議論しながら、スタッフは野心的な計画の作成に集中して取り組んだ。これほど大きな資金が得られるのであれば、まったく新たな可能性が開ける。私たちはこれまでの一〇年間で学んだことすべてを活かして、計画を立てることにした。「教育の機会を広げるために、真に効果のあるムーブメントをつくり出すには、何をすればいいだろうか」。私たちは自身に問いかけた。多くの議論を経て、三つの優先事項を決めた。

第一に行うべきことは、コープ・メンバーのなかでもっとも成功した人たちのレベルに、大部分のコープ・メンバーが到達するようにすることだ。タミー・サットンやアンソニー・グリフィンなどの人々は、猛スピードでさまざまなことを学ぶことにより、生徒たちの学力を大幅に向上させた。彼らの例をもとに考えると、これから入ってくるコープ・メンバーも、もっと効果的なトレーニングとサポートを行うことで、早く力を伸ばせるはずだ。それにより、何万人もの生徒の人生に大きなインパクトを与えられる。傑出した教師に出会うことで、人生の可能性が広がるのだ。

コープ・メンバーが高いレベルの成功を成し遂げることは、彼らにシステミックな変革を推進してもらううえでも重要だ。彼らが生徒たちの学力のギャップを縮めることができたら、そのときコープ・メンバーは、問題の複雑さや、問題の解決には多様な側面があるということを理解するだろう。彼らは変革の推進者となるための見識を手に入れるだけでなく、変革を主張するうえでの自信や影響力も手にするだろう。

第二の優先事項は、長期的な変革を担う勢力となってもらうため、コープ卒業生のリーダーシップを促進し、彼らと協働しつづけることだ。私たちはこれまでも、彼らの存在そのものとその強烈な経験により、卒業生が今後も重要なことを成し遂げるだろうと考えてきた。だが、彼らをもっとサポートし、継続的なリーダーシップを喚起するうえで、もっと何かできるのではないか。卒業生サミットで私たちはそう感じた。

卒業生たちは、サミットで刺激を受けていた。その後数週間で、何人かが仕事を変えた。それまでの仕事では、十分に社会的なインパクトを与えていなかったと感じたからだ。多くの卒業生が、互いにもっと一緒に仕事をしたいと感じながら、帰っていった。卒業生で、ティーチ・フォー・アメリカのベイ・エリアのエグゼクティブ・ディレクターであるジョナサン・クラインは、ある分科会の途中でこう言った。「私がこの先ずっと一緒に仕事をしたいと思うのは、この人たちだ」。サミットで、ワシントンDCの卒業生のグループは、地元の公立校をどう改善すべきか考えるために、定期的に会うことを決めた。数カ月のうちに、彼らは卒業生のジュリー・ミクタを、DCの学区の理事会に選出させた。私たちは、卒業生のあいだに強いネットワークを築くことと、継続的にリーダーシップをとってもらうための仕組みづくりを構想した。

コープ・メンバーの力を高めることと、卒業生のリーダーシップをサポートすることに加えて、第三の優先事項として私たちが決めたのは、このムーブメントを可能な限り拡大するということだった。私たちが解消しようとしている格差の大きさを考えて、二〇〇〇年に一〇〇〇人だったコープ・メンバーを、二〇〇五年には四〇〇〇人にするという計画を立てた。同時に、教育格差はとくにアフリカ系アメリカ人とラテン系に不平等をもたらしていることから、両者の民族的バックグラウンドを持つ応募者の割合を高めることも決めた。

私たちが初期の数年で学んだように、こうしたプログラム上の優先事項は、組織の面で支えられて初めて実現する。私たちは財務基盤を大きく拡大し、プログラム上の目標を実現するのに必要な財源を確保しなければならない。また、スタッフと技術的なシステムを強化することで、組織能力を拡大する必要もある。

私たちは以上の事項を五カ年計画にまとめた。これに必要な資金は、初期投資として二〇〇〇万ドル、年間予算はこれまで一〇〇〇万ドルだったものが、四〇〇〇万ドルに増加する見通しとなった。フィッシャー夫妻はパイシーズ財団を通じて、私たちがこれまで民間の団体から受けた助成金としては最大額となる約八〇〇万ドルを、三年間で提供してくれることとなった。そして、私たちは四カ月ほどのうちに、この助成金を上回る額を集めたのだ。

私たちの拡大計画に資金を投じてくれた財団のスタッフの多くが、私の仲間だった。ティーチ・フォー・アメリカの立ち上げで力になってくれた人、元コープ・メンバー、社会起業家の仲間たちなどがいた。たとえば、ニュー・プロフィット・インクは二〇〇万ドル以上の提供と、パートナー企業であるモニター・カンパニーを通じたサービスの現物提供を約束してくれた。ニュー・プロフィットはバネッサ・キルシュが設立・運営する団体で、彼女はパブリック・アリーという国家奉仕のコープを設立した人でもあった。ニュー・スクール・ファンドは新しい財団で、ベンチャーキャピタルのクライナー・パーキンス・コーフィールド・アンド・バイヤーズのジョン・ドウアーが設立した。この財団も多額の助成をしてくれたのだが、ここのエグゼクティブ・ディレクターのキム・スミスはティーチ・フォー・アメリカの三人目の従業員だった。ファンドの二番目の責任者であるリサ・ダッグスは元コープ・メンバーで、理事会にはティーチ・フォー・アメリカの二代目のCFOであったマット・グリックマンが入っていた。ブロード財団も多額の寄付をしてくれたが、エリ・ブロードの代わりにその運営に当たっているダン・カツィールは、二年目のティーチ・フォー・アメリカでスタッフとして働いていた。

私たちがこのような多大な支援を受けることができたのは、一つには私たちが組織として成熟してきたことが挙げられる。私たちは貴重な経験を重ねてきた。いまでは私たちは、大きな目標を達成するには何が必要か、考える方法を知っている。資金提供者が納得する方法で、計画を説明する方法を知っている。そして、説得力を持つ実績も積んできた。また、人とのつながりによる恩恵も受けた。そうしたつながりは、時間をかけて信用力を増すことによってのみ、得られるものだ。理由が何であれ、私たちはこのチャンスをつかむことを決意し、私たちのムーブメントを前進させるために動きはじめた。

卒業生サミットの一週間後、私はティーチ・フォー・アメリカのリーダーたちの会話を耳にした。だれかが言った。

「今朝オフィスに入ってくるとき、ふと、あのビジョン・ステートメントを見たんだ。そのときわかったよ。あのビジョンはきっと実現できる。僕はそう信じている」

ティーチ・フォー・アメリカの各部署に通じる廊下の壁に、次のステートメントが掲げられている。

「いつか、この国のすべての子供たちに、優れた教育を受ける機会が与えられるように」

ティーチ・フォー・アメリカは、このビジョンを実現すべきだという信念のもとに、一九九〇年にスタートした。いまや一〇年以上の経験を経て、私たちはこのビジョンを実現すべきだと思うだけでなく、「実現することは可能だ」と感じている。これまでの経験によって、このビジョンは達成可能だという確信が生まれたのだ。

そして、変革が可能だとわかっているからこそ、大きな緊迫感も持っている。私たちには、他に選択肢はない。個々人が努力し、力を合わせて、必ず実現させるのだ。いつの日か、アメリカのすべての子供たちが、夢を実現できるような教育を受けられるように。

あとがき

ティーチ・フォー・アメリカが成長計画の中間地点に達するころ、活動に大きなはずみがついた。二〇〇二年の春、一万四〇〇〇人の新卒者がコープへの参加を希望し、応募してきたのだ。その数は、過去の応募者数の約三倍だった。イェール大学の全四年生のうち七%が応募し、スペルマン大学の四年生のうち、一四%が応募した。

おそらくこの増加には、経済の低迷や、九月一一日の悲劇（アメリカ同時多発テロ事件）のあとに起こった、市民としての責任感の高まりなどが影響しているのだろう。だが、ピース・コープやアメリコープでは応募者数の増加が三〇～四〇%だったのに対し、ティーチ・フォー・アメリカでは増加率は二〇〇%だった。この大きな反響が起こった一因としては、私たちがより注目を集めるようになってきたこと、そしてより多くの財源とエネルギーをリクルート活動に注いだことが考えられる。

そして、経済の低迷にもかかわらず、資金調達は野心的な計画の通りに進んでいた。二〇〇二年には、それまでで最高の二一〇〇万ドルを調達した。

コープと資金の規模の拡大と並行して、コープ・メンバーの力を高め、卒業生を短期的・長期的な変革の勢力とすることにおいても、私たちは大きく前進した。コープでもっとも優秀だった人たちの特徴を抽出することにより、私たちは選抜の方法とトレーニングのカリキュラムを修正した。また、より強力な卒業生のネットワークもつくった。ウェブサイトではお互いの所在を探せるようになり、加えて、仕事やボランティアのポジション、長期的な取り組みに役立つリソースなども探せるようになった。全国または各地域で開かれるサミットも、相互のつながりや発想を生み出すきっかけとなった。

一部の人たちは、規模の拡大は質の低下につながるのではないかと心配した。だが、いまでもCOOとしてスタッフをリードしているジェリー・ハウザーは、拡大はむしろ質を高めると当初から信じており、私も同意見だった。なぜなら、拡大によって、プログラムのすべての側面をシステム化せざるをえなくなるからだ。また拡大により、人的資源と財源も増える。これまでのところ、私たちの予想は正しかったようだ。

そして、プログラム面での成功には、ティーチ・フォー・アメリカの卒業生のなかのスーパースターたちを、マネジメント・チームとして迎えられたことも影響している。彼らは、ティーチ・

フォー・アメリカをさらに強力な組織にしようという考えに賛同してやって来た。ニコル・ベイカーは、UCLAで教育の博士号を取り、非営利団体と教育界で何年もの経験を積んできた。リー・マックゴールドリックは、元ホワイトハウス・フェロー〔政府高官の下で一年間仕事をするプログラム〕で、ワシントンDCの「ヤング・ロイヤー（若手弁護士）・オブ・ザ・イヤー」に選ばれた人だ。ジュリー・ミクタは、ローズ奨学金受給者で、ワシントンDC学区の理事会のメンバーだった。ジョナサン・トラバースは、ハーバードのケネディスクールの卒業生で、DC学区の財務ディレクターだった。私は毎日、こうした人たちや他の人たちが、私たちの組織で発揮しているリーダーシップに感謝している。

ティーチ・フォー・アメリカの規模が拡大し注目度が高まるにつれて、さらに影響力のあるリーダーたちからの支持が得られるようになった。ローラ・ブッシュは、ファーストレディとして支援する五つの団体の一つとして、ティーチ・フォー・アメリカを指名した。彼女はニューヨークからロサンジェルスまで、またサンフランシスコからミシシッピ・デルタまで、全国のイベントに登場しては、私たちの活動の拡大に協力してくれた。二〇〇一年の秋、ブッシュ夫人はティーチ・フォー・アメリカ・ウィークの五日間、毎日違う街で講義をしてくれた。

AOLタイムワーナーの元CEOであるジェリー・レビンは、ニューヨークでの資金調達のための夕食会で名誉支援者となった。フェニックスでは、インテルCEOのクレイグ・バレットと夫人のバーバラが名誉支援者となった。また実業界の大物エリ・ブロードは、自身のファンドから教育改革に一億ドルを寄付した人だが、ロサンジェルスで同じ役割を果たしてくれた。この尊敬すべき三人の経営者は、ティーチ・フォー・アメリカについて感動的に語ってくれた。それによって、ティーチ・フォー・アメリカに対する人々の信頼感を高めてくれた。

この状況をわずか数年前と比べてみてほしい。そのころ私は、賃金を支払うための手段を、必死になって探していた。私は底辺を生きぬいた経験から、「時の権力者」になんとか接触しようと苦心している、新しい社会起業家たちに共感する。同時に私は、自信過剰になることを警戒している。インターネット時代の経験からもわかるように、上がるものは下がる。だから私は、過去の実績ではなく、将来の課題に目を光らせるようにしている。

良くも悪くも、私は多くの課題に気づいている。政策立案者やメディアが、教育免許がすなわち教師の資質であるとみなしていることから、新たな政治的課題が生まれている。また、この経済不振のなかで、年間収入を二〇〇二年の二一〇〇万ドルの倍にするという、資金面での課題もある。そして、四〇〇〇人のコープ・メンバーに対応できるよう、組織能力を伸ばさなければならない。もっとも手ごわい課題は、プログラムを改善し、コープ・メンバーと卒業生が、わが国の教育の不平等と真に戦えるようにすることだ。

こうしたすべての仕事により、私はますます忙しくなっている。私を動かしつづけているのは、わが国に根強く存在する不平等に対する怒りだ。小さな息子を二人持つ母親となったいま、私たちが解決しようとしている問題は、これまで以上に現実的なものとなった。大半の子供が学業水準を満たさないような学校に自分の子供たちを入れるのは、どんな気持ちがするだろう。そこでトップの成績を取ったとしても、他の地域の平均的な生徒よりも劣るような学校だったら?

それでも、今日のわが国の数十万人のお母さんやお父さんたちには、選択肢がない。アメリカにおける富める人と貧しい人のあいだの学力のギャップは、他の先進工業国のほぼすべての国より大きい。すべての人に教育の機会を確保するという点では、アメリカは、カナダ、フランス、イギリス、スペイン、オーストラリア、ニュージーランド、ノルウェー、デンマーク、スウェーデン、オランダ、フィンランド、オーストリア、ラトビア、ポーランドより劣る。自らをチャンスの土地だと信じている国としては、この状況に怒りを覚えるべきだ。自分たちの国に対して描いている理想を実現するには、状況を良くしなければならない。

良くすることは可能だ。去年の春、ヒューストンにＹＥＳ大学準備校を開いた元コープ・メンバーのクリス・バービックが、私におもしろい話を聞かせようと電話をしてきた。彼は学校でロボットのプログラムを立ち上げたと言った。ロボット・プログラムは、生徒に科学への興味を持たせる方法として、全国的にどんどん人気が高まっている。クリスは、彼のチームをダラスで開かれた州のロボット大会に出場させせたという。

「何が起こったと思う?」とクリスは言った。「うちの生徒たちが優勝したんだよ。……ところで、二位はどこだと思う?」彼が何を言おうとしているのか、私はわからなかった。するとクリスは言った。「あなたの母校の、ハイランド・パーク高校さ」。クリスの生徒が、私の母校を打ち負かしたのだ。私の母校はとても評価の高い公立高校で、私が育った豊かな地域の住人に向けて教育を提供している。

クリスの話は私たちに教えてくれる。私たちが生きているあいだに、低所得地域の子供たちが、高所得地域で育った子供たちと同じ機会を手にする、そういう日が来ることを。私たちは、ビジョンが手の届くところにあることを知った。そのビジョンの達成に向けてどんなことでもやろうと、私と同僚たちはこれまで以上に決意を固めている。

# 謝辞

この本を出版するに当たってもっとも残念だったのは、活躍した人の名前を全部は入れられなかったことです。ティーチ・フォー・アメリカの成長には、大切な役割を果たした人が大勢いるので、名前をすべて挙げるのは不可能でした。名前が活字となって載っていない人も、一生懸命働いてくれたことへの敬意の証として、この本を読んでくれたらと思います。

この本を出版できたことに関して、感謝したい人がたくさんいます。まず、ティーチ・フォー・アメリカに参加してくれた人――コープ・メンバー、卒業生、スタッフ、教育界で支援してくれた人、理事会のメンバー、資金面での支援者、精神的なサポーター――。ティーチ・フォー・アメリカが生き延び、成長することができたのは、みなさんがいたからです。この本に書いたような教訓を授けてくれたのも、みなさんでした。私たちへの信頼と与えてくれた知恵、忍耐、そして厳しさに感謝します。

私の信頼する同僚たちが、この本の草稿に非常に価値のあるフィードバックをしてくれました。

以下に名前を挙げます。カミ・アンダーソン、アイリス・チェン、ジェリー・ハウザー、カヤ・ヘンダーソン、ケビン・ハフマン、デイブ・レビン、ジェシカ・レビン、ダニエル・オスカー、ミシェル・リー、ダイアン・ロビンソン、アビゲイル・スミス、ニータ・バラブ。

編集を担当したケイト・ダーントンは、言葉の魔術師でした。彼女が関わらなかったら、私のメッセージは幅広い読者には伝わらなかったでしょう。

両親にも感謝を捧げます。二人は、全力を傾ければ何でもできるという自信を与えてくれ、優れた教育を受ける機会を与えてくれました。

私の夫であるリチャード・バースは、この本で書かれているように、ティーチ・フォー・アメリカをつくっていくうえで、重要な役割を果たしました。私に大きな幸せを運んでくれ、私が週末や休暇中にこの本を書くのを我慢してくれました。

最後に、私の息子のベンジャミンとフランシス。二人は私たちのミッションの追求に、新たな発想をもたらしてくれます。

みなさんに囲まれて、私はほんとうに幸運です。この物語をつくってくれてありがとう。そして、この物語を伝えるのに力を貸してくれて、ありがとう。

# 解説――二一世紀のアメリカン・ドリーム

渡邊奈々

私がニューヨークに住みはじめて間もないころのことだ。銀行の窓口やスーパーマーケットのレジスターの人たちがまともなあいさつもできず、二桁の計算にもてこずっているのを間近に見て驚愕したものだった。いったいどんな教育を受けてきたのだろう？……というのが最初に頭に浮かんだ疑問だった。全国共通の教科書を使い、あいさつや礼儀に重きをおく日本では全国共通の「基準」が存在する。そんな社会で育った私にとって、アメリカ社会で味わった初めての大きな違和感である。

その後、私の娘が幼稚園に通いはじめ、二〇〇七年に高校を卒業するまでの一四年間に彼女の受けた教育を通して、アメリカの教育のさまざまな面を知ることになった。

私が住んでいるマンハッタン地区は世田谷区より少し大きいくらいの面積だが、そのなかに全米でもっとも教育レベルの高い高校もあれば、最低レベルの学校もある。

高いレベルの高校からの進学率はほぼ一〇〇％。成績が真ん中くらいでも世界ランキング・トップ一五位以内の大学に入学できる学力の高さだ。一方、そこから電車で一〇分ほどの距離にある高校では、生徒の卒業率は五〇％にもみたない。生徒は主にアフリカ系やヒスパニックの貧困層の子供たちだ。

娘が高校三年生のときのことだ。大学進学に必要なＳＡＴ試験（日本の大学入試センター試験に相当する）を受ける際、地区ごとに設けられた試験会場（公立校の教室を使う場合が多い）に申し込みをしたところ、家から最寄りの会場はすでに満員になっていた。そのため娘はバスで一五分ほどの距離にある二番目に近い会場で受けることになった。当日、帰ってきた娘は興奮気味にこう報告した。

「ママ、首にチャラチャラ鎖を巻いていたり、入れ墨を入れたりしてる、見たこともない男の子たちが試験会場に現れたわ。警察官がたくさんいて会場に入る前に持ち物検査があってね、その子たちのポケットからナイフとかマリファナが出てきたの！　朝の六時半なのにビールを飲んでいる子もいたのよ！」

同じ国の中で天と地のようなギャップがあるアメリカでは、過去二五年間に子供の学力レベルがまっさかさまに低下の一路をたどった。一九八一年から八年間にわたったレーガン政権下で「小さな政府」路線が強化された。公共投資や補助金といった政府の財政支出をできるだけ抑え、減税によって民間経済活動を促進するという方針だ。これらの政策は地域間の経済格差を広げることにつながった。アメリカの公立学校の運営財源は地域の固定資産税で賄われる。必然的に、貧しい地域の学校の財源は縮小し、全米各地の公立学校で質的劣化が進むこととなった。

二〇〇二年、ブッシュ政権は、全国の教育レベルを引き上げる手だてと称してＮＣＬＢ（No Child Left Behind）という政策を実施した。これは各州に子供の学力水準の引き上げ目標を設けさせるもので、到達できなかった場合は連邦政府からの補助金を打ち切るというペナルティがついていた。学力引き上げを意図したこの政策が生み出したのは、学力の向上よりも、さらなる低下だった。なぜなら、資金不足の各州は連邦政府からの補助金を確保するため、学力水準の目標値を下げたからである。

すでに一九八三年に連邦政府は「危機に瀕した国家（Nation at Risk）」と題した報告書を発表して教育の劣化を訴えていたが、それでも当時アメリカは 世界一の大学卒業率を誇っていたという。しかし、二四年後の二〇〇七年、ＯＥＣＤが実施する国際的な学習到達度調査（ＰＩＳＡ）においてアメリカは先進国三〇カ国中二五位にランクされた。

教育の低下は高校卒業率と大学進学率の低下、さらには雇用資格の低下へとつながり失業者を生みつづける。十分な教育を受けていない親は自分の子供の教育にも無関心になりがちなため、教育の欠如は代々受け継がれ、固定化した貧困層を生み出す。


ウェンデイ・コップは、テキサス州ダラス市の富裕層の住む住宅地域で育った。一九八五年、成績最優秀者だけに門戸が開かれるプリンストン大学に入学。まもなく彼女は、あることに気づく。コップや他の級友たちにとっては簡単な授業内容に、サウス・ブロンクス（マンハッタンに隣接する貧困区）出身のアフリカ系アメリカ人のルームメートは、ついて行けずに四苦八苦しているということだ（アメリカの大学は人種や経済レベル別の入学者のクオータがあるため、平均学力の低い州や人種グループからは、成績の絶対値が低くても入学できる。そのため学力の極端なばらつきが見られる）。

「同じ国に生まれ同じ大学に入ったのに、どうしてこんな大きな学力の格差があるのだろうか？」という疑問がコップの心に生まれた。調べてみると、自由平等を謳っているアメリカは、先進工業国のなかで学力格差がもっとも大きい。貧困地域で育った小学四年生は他の地域の小学一年生程度の学力だという。いったん大きな学力ハンデイキャップを背負った子供たちの学力を高めることは不可能に近い。この事実を知ってコップは深い憤りを覚える。これはおかしいではないか、という思いが芽生え、教育問題が彼女の大学生活を通じての関心事になった。

四年生になると、まわりの誰もが就職活動を始めた。「どんな職業を選んで、どんな人生を送りたいか、夜を徹してクラスメートたちと話し合ったものよ」とコップは語る。「成績が良ければ、投資銀行やコンサルテイング会社に就職するか、ロースクールに進学して弁護士をめざすというのが、お決まりの王道ということになっている。でも、だれひとりとして、投資銀行家や弁護士になるのが夢だ、なんて心から思っている人はいなかったわ。つきつめると、みんな、社会をより良く変えること、大きなインパクトを生み出すような仕事がしたいと思っているの。でも、公立校の先生とか看護師などは、エリート大学の学生にとっては、最初から就職の選択肢には入っていない……」

貧困地域の桁はずれた学力の低さ、そして大学生たちの「社会にインパクトを及ぼす仕事がしたい」という言わば「眠った資源」である情熱。この二つをつなげる構想がコップの頭の中で生まれた。一九六一年にケネデイ大統領が立ち上げたピースコープに倣い、教育界のピースコープのようなシステムを創れないだろうか……。

このコップの構想はティーチ・フォー・アメリカとして現実の力となり、一九九〇年の発足から一八年間、着実に全国に浸透している。二〇〇八年時点では、二万五〇〇〇人の応募者（ハーバード大学の卒業生のうち九％が応募した）から精鋭三六〇〇人がＴＦＡ教師として新たに選ばれた。現在、全国二九の貧困地域で約六二〇〇人のＴＦＡ教師が子供たちの学力向上のために邁進している。見込まれる予算額の伸びに合わせて採用人数を毎年増やし、二〇一五年には一万三〇〇〇人を採用するという現実的な目標を掲げている。

ＴＦＡは、彼らの「変革の理論（Theory of Change）」として、短期と長期の二つの目標を掲げている。まず短期的な目標は、全米四〇〇大学から選び抜かれた優秀な若者を学力レベルの低い公立学校に教師として送り込むことで、国語と算数という教育の二本柱の成績を上げることだ。成果を上げるため、ＴＦＡ教師となる若者のトレーニングプログラムと（教師として派遣される）二年間のサポート体制の改善を絶え間なく行っている。当初は指導員とＴＦＡ教師の割合が一人：四二人だったが、より充実した指導が行えるよう現在では一人：三二人となっている。また、なじみのない環境でＴＦＡ教師が悩みを抱えて孤立しないよう、相談役として各地域にサポート・ディレクターを雇い入れるシステムも取り入れた。こういった改善によって、二年の任期を終了する割合が当初の八三・八％から今では八八・五％にまで伸びている。

ＴＦＡがその教師の質と成果を測るうえでもっとも重きをおくのは、生徒の国語と算数の成績をどれだけ伸ばしたかという「数字に表れた結果」だ。とくに顕著な成果をあげた教師の筆頭として、ミシェル・リーの伝説的な活躍について触れたい。

一九九二年にコーネル大学を卒業したリーは、法科大学院の入学試験に合格したが、TFAの採用選考（面接だけでなくグループワークや教育実習も含まれる厳しい選考だ）にも通過し、どちらの道に進むか決めかねていた。学校教師だった祖母の勧めでTFAを選び、ワシントン市に隣接した極貧地域であるバルチモアの小学校にTFA教師として配置される（ちなみに、アメリカのなかでももっとも学力の低い学区の一つであるワシントン学区では、チャータースクールを含む約一〇〇校の一〇％以上が元TFA教師によって運営されている）。

当初は、教科を教える以前の問題だったとリーは振り返る。生徒はまったく授業に集中できない。教師の言うことがまるで耳に入っていない様子だ。落胆したリーは、同期のTFA教師たちの様子をうかがった。みんな全身全霊を込めて打ち込んでいる。「私にだってできる！　子供に負けてあきらめるなんてとんでもないわ！」と一念発起したリーは、夏休みの間に教授法のクラスを履修し、教師免許を取得。そして秋学期が始まると、子供たちと親たちに対し、成績を上げるために従来のやり方をすべて変えることを告げた。早朝、授業前の空き時間、放課後、週末のすべてを補習に捧げる。子供と親の一人ひとりと緊密なコンタクトをとり、勉強を回避する口実をいっさい受けつけない方針を貫いた。その結果、生徒たちの成績が一気に上がった。当初はわずか一三％だったスタンダード試験の成績が二年間でパーセンタイル値九〇％にまで飛び上がったのだ。このめざましい成果についてリーは『ワシントンポスト』紙のインタビューでこう答えている。

「この経験が私に教えてくれたのは、〝全身全霊を捧げる一教師の存在〟が、教育全体を変えることができるということ。子供たちの学力を上げる〝秘訣〟や〝近道〟などはありません。ただ、こつこつと、文字どおり人一倍勉強に励ませるだけです」

ニューヨーク市やアトランタ市の教育区長は、TFA教師一般について、口をそろえて次のように評価する。「TFA教師は、今までよどんでいた溜まり水を動かし、清め、息吹を吹き込んでいるような新鮮な存在です。従来の先生には、教師という仕事が「生計を得るためのジョブ」となっている人たちが多い。それに対して、TFA教師たちを突き動かしているのは、「使命感」なんです。その姿勢が、さざ波のように学校全体に伝わってくる。彼らのあふれるような若いエネルギーや絶対に諦めないコミットメントの深さには、感嘆しますよ。もちろん、厳しい試験をくぐって選ばれた特別に優秀な人たちだからでしょうけれど……」ノース・カロライナのアーバン・インスティテュートはTFA教師の生徒へのインパクトを測る調査を六年間にわたって実施し、成績の向上に加えて、「三年以上の経験がある本職の教師よりも、TFA教師は三倍の付加的インパクトを及ぼしている」と結論づけている。

一方、TFAの長期的目標は、TFA教師を経験した若者たちが任期を終えたあとに教育界やビジネス界、政治や行政などのさまざまな役職につき、アメリカの教育インフラを根本から変革することだ。元TFA教師の多くが、めざましい成果をあげるチャータースクールを立ち上げたり、行政に関わり教育政策に影響を及ぼしたりして、アメリカ教育界に旋風を巻き起こしている。いくつか例を挙げよう。

ニューオーリンズでは、本書で挙げられているKIPPやニュースクールズ・フォー・ニューオーリンズ、ニュー・ティーチャーズ・プロジェクト、ユース・エンパワーメントなどのチャータースクールをTFA卒業生が立ち上げた。KIPPでは貧困区の高校生の八〇%が卒業して四年制大学に進学するという驚異的な成果を生んでいる。KIPPの教師の四六%、校長の四〇%がTFA経験者である。全米の学力レベルトップ一〇〇入り（『ニューズウィーク』誌と「USワールドレポート」が毎年発表するランキングで）を果たしYESカレッジ・プレップ・アカデミーも、TFA教師だったクリス・バービックが立ち上げたチャータースクールだ。ヒューストン市の公立高校での平均卒業率は約一〇%だが、YES校では九一%が卒業して四年制大学に入学するという。行政では、TFA出身のホイットニー・ティルソンが、オバマ率いる新政権の教育改革委員会のメンバーとして加わったことが注目に値する。

ところで、ミシェル・リーは、二年間のTFA任務を終えたのち、法科大学院に戻ることはなかった。二人の娘を育てながら、「教師の能力と献身的な姿勢がすべて」という信念をプログラムとしてスケールアップするため、全国的な教師教育プログラム、「ニュー・ティーチャーズ・プロジェクト」を立ち上げたのだ。

そして二〇〇八年六月、リーは、学力の低さが常に取りざたされるワシントン市の教育監に任命された。他の候補者に比べて現場経験が極めて浅いリーにこの重要な役職の白羽の矢が立ったのは、彼女が残した、明確なビジョンに支えられた「目に見える成果」だ。

約五万六〇〇〇人の小中学生の住む荒廃した学区は、八二％の住民がブルーカラーの黒人だ。中学二年生レベルで、国語の習熟度が全国平均以下が八八％、数学では九三％という極めて低い学力だ。「テニュア（終身地位保障）とは、教員の生活を保障するためにできた制度で、子供たちのための制度ではありません。子供たちを優先するシステムをつくらなくてはならない」と、リーは『ニューヨークタイムズ』紙のインタビューで応えた。

リーは、住民の多くが通う教会に顔を出し、コミュニティの人々に、彼女の指揮下で教育改革を行なうことを告げたところだ。「有能な教師の力」が唯一の解決法と信じる彼女の改革は、「二〇一〇年までに無能な教師をすべて解雇し、有能な教師の給料を一三万ドル＋ボーナスに引き上げる」という、旧態依然の教育界では考えられないものだ。リーの指揮の下に前代未聞の教育改革が成るか……全米の教育関係者が息をのんで見守っている。

ＴＦＡの創立から一八年。これまでに任務を終えた約一万四〇〇〇人の卒業生の六六％は、ミシェル・リーのように学区の役職についたり、校長になったり、連邦政府の教育機関の中枢に加わったりして、さまざまな面から教育改革に取り組んでいる。

本書は、連邦政府に見放され、落ちる所まで落ちたアメリカの公立教育が、二一歳の、大きなビジョンはあるが実社会での経験のまったくない女の子の編み出した救済策によって、希望の光を取り戻しつつあるという、夢の物語だ。

しかし、この場合の「夢」は「規制のない自由な社会構造」を誇るアメリカが生んだ、桁外れの富を手に入れるという従来的な「アメリカン・ドリーム」とは違う。「夢」を「誰もが憧れる成功」と定義するならば、その意味がここ数年変わりつつある。「目に見えるモノを手に入れること」よりも、むしろ「インパクトを生むこと」、つまり、たった一回の自分の人生が、自分と家族の成功物語だけで終わらずに、もっとスケールの大きい「〝人類の物語〟に対するインパクト」を生み出すことへと移行しつつある。

この風向きの変化を示す事実として、二〇〇七年、TFAとそれがお手本としたピースコープ、この二つの非営利組織が、アメリカの一流大学の新卒者が希望する「理想の就職先」ランキングのトップ一〇にお目見えしたことが挙げられる。TFAの新卒採用数は、マイクロソフト、P&G、アクセンチュア、GEなどの大手企業を上回り、非営利組織としては最大である。また、JPモルガン銀行は、有名大学からの志願者がTFAと重なることに目を付けて二〇〇五年、TFAに「リクルート・パートナーシップ」を申し込んだ。結果、一二大学の卒業生を対象に「二年間TFAで教職を経験した後にJPモルガンに就職する」という就職コースが誕生した。JPモルガンに続いて、金融界ではクレディ・スイス、ゴールドマン・サックス、コンサルティングファームのマッキンゼー、ベイン・アンド・カンパニー、デロイト、またグーグルやGEなどの企業も含めて計一七社が同様の共同採用を開始した。

　身の回りの社会の矛盾に気がついたとき、おそらく一〇〇〇人のうち九九九人は、その矛盾を嘆き、不満を口にしながら生きつづける。そして、たった一人が「こうすれば変えられるのではないか……」と、頭の中に描かれた解決のビジョンに向かって前進する。

　ＴＦＡの立ち上げ当初は、コップはそのアイディアをまったく理解できない人たちから門前払いされて泣き崩れたこともあるという。それでも「私の構想がまちがっていると疑ったことは一度もなかった」と彼女は言い切る。こうした強さは、私がこれまでに出会った他のチェンジメーカーたちと共通するものだ。この強さ、言い換えれば「信念」こそが、社会変革をめざす人の共通の資質なのだ。彼らのビジョンが見えない九九九人の「普通の人」にとっては、彼らの構想は非常識であり、向こう見ずであり、ばかげて見える。そうした周囲の反応が、チェンジメーカーの前に立ちはだかる壁となる。

　揺るぎない信念と確固としたビジョンを持つコップのような希有な存在が、ステータス・クオに立ち向かう「芽」であるとすると、次に必要なのは、芽を伸ばす肥沃な大地と太陽と水。それはつまり資金力だ。しかし、通常のビジネスと異なりソーシャルベンチャーの世界においては、資金の有無や大小以上に問われるものがある。

　ＴＦＡの成功の裏には、大学を出たての世間知らずな女の子の発想に耳を傾けた何人ものビジネスマンの存在があった。ＮＰＯ法人格もない、まったく未知の存在であったＴＦＡに最初の活動資金二万六〇〇〇ドル（約二六〇万円）を差し出したのは、モービル石油の当時三三歳のヴァイス・プレジデント、レックス・アダムスだ。ユニオン・カーバイド社の重役は、コップの大胆なアイディアに疑問を持ちながらも、事務所を無料で提供するという形で支援を申し出た。彼はのちにユニオン・カーバイド社の弁護士のサービスをも無料でTFAに提供する。しばらくして、大手広告代理店ヤング＋ルビカムからも援助の手が差しのべられる。そして発足から六、七年経って伸び悩んでいたころ、GAPの創設者ドナルド・フィッシャーと、ベンチャーキャピタリストのジョン・ドウアーは、二五〇〇万ドル（約二五億円）という多額の資金を提供した。TFAの活動は，こうした資金によって育まれ、成長し、拡大したのである。

理想の芽を育てる「大地、太陽、水」は、つまり「未知のアイディアに目と耳を傾けるオープンさ」であり、「そのアイディアをリスクをとって支援する寛大さ」という「アメリカ的」姿勢にほかならない。一部の人たちの醜い貪欲さが戦争や金融危機を招き、他国からの尊敬を失いつつあるアメリカにおいて、対照的なこの姿勢は、いまも脈々と息づいている。そしてこの姿勢が、世界中の能力とやる気にみちた人々を未だにこの国に惹きつけている。この「アメリカ的寛容」という精神がなくならないかぎり、TFAのような二一世紀型のアメリカン・ドリームは生まれつづけるにちがいない。

〔写真家／フォトジャーナリスト。著書『チェンジメーカー』『社会起業家という仕事』（日経BP）〕

著者

## ウェンディ・コップ

Wendy Kopp

1967年生まれ。プリンストン大学卒業後、全米の優秀な大学卒業生を2年間、劣悪な環境下にある各地の公立学校に教師として送り込む非営利団体 Teach For America（TFA）を立ち上げ、1990年から事業を開始。これまでに14,000人以上を派遣し、根底からの教育改革に多大な成果をあげている。TFAに対する称賛と支持は極めて高く、ハーバードやプリンストンなど有名大学の卒業生の1割が応募、2007年には大学生の「理想の就職先」ランキング第10位となった。ウェンディ・コップは2003年クリントン・センター・アワード、2004年ジョン・F・ケネディ・ニューフロンティア・アワードなど多数の賞を受賞、2008年『タイム』誌の選ぶ世界の重要人物100人（「TIME 100」）にも選ばれた。夫と4人の子供とともにニューヨークに在住。

Teach For America　http://www.teachforamerica.org/

訳者

## 東方 雅美

Masami Toho

慶應義塾大学法学部卒。バブソン大学経営大学院博士課程修了。大手出版社にて雑誌記者として勤務した後、教育関連企業の出版部門にて、経済・経営書の企画・制作に携わる。現在は独立し、書籍の翻訳、編集、執筆、および企画・コンサルティング等を行う。翻訳書に『論理思考力トレーニング法』、共訳書に『リーダーを育てる会社・つぶす会社』、『石油 最後の1バレル』、『グラミンフォンという奇跡』、『ワールドインク』（以上、英治出版）、共著書に『MBAクリティカルシンキング』（ダイヤモンド社）などがある。

● 英治出版からのお知らせ
弊社ウェブサイト（http://www.eijipress.co.jp/）では、新刊書・既刊書のご案内の他、既刊書を紙の本のイメージそのままで閲覧できる「バーチャル立ち読み」コーナーなどを設けています。ぜひ一度、アクセスしてみてください。また、本書に関するご意見・ご感想を E-mail（editor@eijipress.co.jp）で受け付けています。たくさんのメールをお待ちしています。

# いつか、すべての子供たちに

## 「ティーチ・フォー・アメリカ」とそこで私が学んだこと

---


発行日　2009年 4月20日　第1版　第1刷

著者　ウェンディ・コップ
訳者　東方雅美（とうほう・まさみ）
発行人　原田英治
発行　英治出版株式会社
〒150-0022 東京都渋谷区恵比寿南 1-9-12 ピトレスクビル 4F
電話　03-5773-0193　FAX　03-5773-0194
http://www.eijipress.co.jp/
プロデューサー　高野達成
スタッフ　原田涼子、秋元麻希、鬼頭穣、大西美穂、岩田大志
藤竹賢一郎、デビッド・スターン、山下智也
佐藤大地、坐間昇、虫賀幹華
印刷・製本　株式会社シナノ
装丁　英治出版デザイン室
イラスト　宮沢瞳


---



ISBN978-4-86276-050-0　C0030　Printed in Japan

## 国をつくるという仕事

西水美恵子著

国王から貧村の農民まで。貧困撲滅のため共に闘った途上国の人々の姿とリーダーのあり方を元世界銀行副総裁が情感込めて語った珠玉の回想記。

四六判ハードカバー　320 頁　本体 1,800 円＋税

## チョコレートの真実

キャロル・オフ著　北村陽子訳

カカオ農園で働く子供たちはチョコレートを知らない。過酷な児童労働や企業・政府の腐敗…。甘さの裏に隠された真実を抉ったノンフィクション。

四六判ソフトカバー　384 頁　本体 1,800 円＋税

## あなたには夢がある　小さなアトリエから始まったスラム街の奇跡

ビル・ストリックランド著　駒崎弘樹訳

美しいものが人間を変える。芸術の力で多くの貧しい人々や不良少年たちを救ってきた著者が、生い立ちから人生哲学までを語った味わい深い一冊。

四六判ハードカバー　320 頁　本体 1,600 円＋税

## 誰が世界を変えるのか　ソーシャルイノベーションはここから始まる

フランシス・ウェストリー他著　東出顕子訳

一人の小さな一歩から世界は変わる！　さまざまな社会変革の事例を複雑系の視点でわかりやすく解説。インスピレーションと希望に満ちた一冊。

四六判ハードカバー　288 頁　本体 1,900 円＋税

## クレイジーパワー　社会起業家——新たな市場を切り拓く人々

ジョン・エルキントン他著　関根智美訳

世界の 10 大格差のなかに潜むビジネスチャンスと、そこで活躍する社会起業家の行動原理を幅広く紹介。注目の「社会起業」の画期的な解説書。

四六判ハードカバー　328 頁　本体 1,800 円＋税

## グラミンフォンという奇跡　「つながり」から始まるグローバル経済の大転換

ニコラス・P・サリバン著　東方雅美他訳

途上国を携帯電話が変える！　一人の起業家から始まった世界経済の大転換を描いた衝撃作。貧困問題やソーシャルビジネスを考える上で必読の書。

四六判ハードカバー　336 頁　本体 1,900 円＋税